在交易的路上，與自己相遇

找出你的交易心理優勢，
戰勝投資心魔

交易心理教練
李哲緯(鮪爸) 著

KNOW YOURSELF THROUGH
THE WAY OF TRADING

 方舟文化

推薦語

　　去年偶然在臉書上看到鮪爸的文章，針對交易心理的這部分，覺得內容寫得很好，且很少在網路上看到，就持續追蹤了一段時間，並分享在我的社團裡，因為好的內容應該讓更多人看到，尤其是在操作上還沒有穩定的交易者。

　　我知道鮪爸的粉專已經持續日更超過一年時間，還輔導了很多位因為交易而產生各式心理問題的投資人，這非常不簡單，要有非常大的熱情和毅力才能做到。其實這點和我很像，都是希望能讓接觸到的交易者可以更好，這也是我非常推崇鮪爸的原因。

　　一個好的教練，過去不一定是名頂尖的選手，但他的專業能夠讓選手在賽場上安心並獲得好成績。如果你在交易上遇到了什麼心理上的問題或障礙，有機會多看看鮪爸的文章，相信這麼多的內容，一定可以找到你要的答案。

Eddy 哥／「當沖 E 群贏家」社團版主

推薦語

「你了解並接納真實的自己了嗎？」這是我在諮商室內會詢問來談者的問題。記憶不僅僅是一段過去的經驗，更會影響到你現今生活的樣子。若能接納內心真正的自我，你就不怕被自己妖魔化記憶的負面感受所影響。

不論是鮪爸與我共同開辦的交易心理課程中，抑或是在本書裡，「你怎麼生活，就怎麼交易」這句話，一直都是鮪爸想傳達給大家的中心思想，也貫串了交易與心理間的連結。

當你開始理解，交易過程中的某些困頓心境，其實源自你某段生命故事的經驗後，它就會成為一個新的覺察，讓你能分別何為當下、何為過去，並克服內心的恐懼，更好地應對交易時的逆境。本書將會是你踏入交易與心理的第一塊敲門磚！

陳家正／諮商心理師

推薦語

　　總之先恭喜軍校同學鮪爸出版了這本書，身為同樣是心理系的同學，對於鮪爸能夠將心理學學以致用在交易上，並且出書與大家分享其中的心理學知識感到十分佩服。

　　投資路上總是有各種知識讓大家追逐不完，但在追逐這些知識的過程中，許多人往往忽略了這些方法是否適合自己，而心理學我覺得有一個很大的功用，就是幫助你重新認識自己。

　　我們的童年經驗、求學歷程或工作狀態，都可能對我們的內心有深遠影響，並且影響了你現在的許多決策而不自知。例如童年的匱乏經驗，就可能導致你現在為了彌補而做出錯誤的投資行為。像是小時候在金錢上沒有獲得滿足，現在為了想趕緊賺到錢，就有可能忽視風險去擴大槓桿胡亂重壓。你以為你在投資或交易，實際上卻跟賭博沒兩樣，最後導致了重大虧損。

　　感謝鮪爸出版了這本書，希望本書可以幫助大家覺察到自己過往的傷痕，或者是錯誤的認知，來做出正確的調整，在投資與交易的路上，能夠更順遂地累積資產，達成自己的財務目標。

資工心理人／「資工心理人的理財探吉筆記」版主

目次
CONTENTS

PART 1
自我覺察，比技術更重要的事

回顧成長經歷，發現心魔的樣貌 / 別讓「成就焦慮」滲透你的交易決策 / 三個方法，擺脫成就焦慮 / 為了追求確定感，你會犧牲太多 / 完美的交易者，從接納不完美開始 / 要如何改善脆弱對交易的影響？

賺多少才夠？ / 不實際的金錢期待與槓桿 / 影響投資決策的金錢匱乏感 / 幸福與成就，不是靠賺多少錢來衡量

PART 2
投資總是失敗，到底哪裡錯了？

被認可 / 如果你的交易與生活，充滿「一定」與「必須」/ 賺心
理能負荷的錢就好

PART 4
交易挫敗的心理處方籤

前 言

交易，
是一條認識自己的路

　　知名交易導師蓋瑞・戴頓（Gary Dayton）在其著作《心理學博士的深度交易課》（*Trade Mindfully*）裡提到交易與投資最重要的三個技能，分別是技術分析（金融知識）、交易心理及資金與風險管理。

　　我遇到大多的交易者、投資人，追求的都是技術分析（金融知識）的優勢，鮮少針對「資金與風險管理」、「交易心理」做研究，這是很可惜的。

　　當投資人與交易者因為資金與風險管理、交易心理能力不足，產生交易挫敗（爆倉負債、自我厭惡等）而不自知時，你可能會想追求更強大的技術分析能力，結果再經歷同樣的挫敗循環，直到你某天大徹大悟為止。

如果你需要資金與風險管理的知識，我會推薦吳牧恩教授的文章跟影片，有提供很多實用、有幫助的內容。凡‧沙普博士（Van K. Tharp）的作品《交易，創造自己的聖盃》（*Trade Your Way to Financial Freedom*）裡面，也同時提供交易心理、資金管理的相關知識。

但如果你想更多地了解交易心理，相信你能從本書中，得到許多深入淺出的交易心理、投資心理知識，從個人心理層面的成就焦慮、金錢焦慮與情緒調控，到關係中的家庭影響、社會比較，最後還有在交易實務中常見的**認知偏誤**、個人交易策略與心理狀態的適配性等。

或許你會問：**交易心理**是什麼？它為什麼重要？

我對它的定義是：交易者的「**認知與行為分析**」、「**情緒調節能力**」、「**對自我的探索與覺察**」、「**辨識交易與投資決策的心理偏誤**」等心理層面的知識。整體來說，「交易心理」是討論交易者在決策時的心理素質、分析整體市場交易行為，以及遭遇交易挫折時的自我調適與復原力。

對我來說，交易心理就像氧氣，對投資人與交易者來說是活命的必需品，但因為大家看不到，對它也很陌生，所以很難感受與**觀察**到，直到空氣汙染導致嚴重疾病後，才開始重視呼吸的空氣乾不乾淨、是否有汙染源的排放等等。

即使我原本念的是心理學本科系，但也是直到我虧損百萬以後，才意識到自己的交易心理狀態是不健康的。一開始，我是在父親投資失利的陰影下做交易，想要在投資領域盡快取得可觀的成就與財富，來消弭父親在我心中埋下的經濟不安全感、金錢焦慮和成就焦慮。

為什麼我這麼渴望想從投資與交易中致富？當我開始對「交易心理」有更深的研究才發現：「**我想要超越我的父親。**」超越父親，並降低我的財務不安全感，是我努力從交易中賺錢的動機。

雖然用了「超越」這樣的說法，但我父親其實不是什麼投資強人，在我小時候，他每晚固定收看財經臺分析股票，也常聽他打電話跟營業員爭論，然而他在投資方面做得不盡理想，對我們的生活與財務運用也產生了不小影響。

影響我最多的，是他對錢的態度。也許是生長在傳統家庭，也許是對錢有股莫名的執著或不安全感，父親十分節儉，精打細算，在他眼裡似乎只有值不值得，沒有喜不喜歡；小孩的需求感受，自然不在他的第一順位，雖然我知道他是關心我們的。

意識到我的交易心理脈絡後，我逐漸去爬梳成長過程對交易決策、情緒管理的影響。我的成就焦慮、金錢焦慮還有時間焦慮等等，似乎都來自於過往的成長背景，更擺脫不了與父親

的互動關係。

　　探索自我，對交易心理來說是非常重要的，要知道，你的日常生活心理狀態，幾乎都會反映在你的投資與交易行為裡，如果你是個習慣性心理拖延的人，你在交易中很可能就會晚進場、無法停損；如果你在生活中是個多愁善感、情緒豐沛的人，那你在交易中感知到的情緒就會比別人多，受到的情緒干擾也相對大。這些在本書第 1 ～ 4 章會有更詳細的說明與剖析。

　　本書的第 14、15 章，也會提供你改善交易心理的實用方法，讓你能透過心理目標的設定，以及一些認知行為的心理學方法，提升交易時的心理素質，並幫助你在遭遇重大虧損、交易低潮時，能夠更好地調適壓力。

　　大多數人對「交易心理」的理解，多半停留在「損失趨避」、「過度自信」、「定錨效應」這類認知偏誤中，然而個人的「**情緒調控**」、「**自我探索**」與「**心理素質**」也是很重要的。你得覺察你在交易時，到底要透過交易滿足怎樣的**心理期待**，是「想證明自己」、是「追求不切實際的財富自由」，或者「只是想靠交易逃離你一團亂的生活」。

　　你的交易方式，會跟你的生活方式有所連結，當你改善你生活中的心理狀態之後，交易中的心理狀態自然也會獲得提升！相信在看完本書之後，你能對「交易心理」有更深一層的

認識，也希望能幫你開啟從交易中探索自我的旅程，從而**擁有更好的能力、交易執行力與挫折復原力**，並降低你心態崩潰大賠的可能性。

本書中的案例均經過本人同意後化名分享；書中所提到的個股亦為舉例，方便讀者能更清楚了解作者思維，無推薦目的，請勿做為買賣依據。

PART 1

自我覺察，
比技術更重要的事

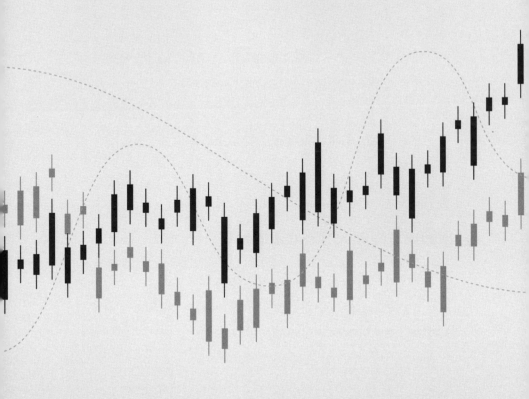

CHAPTER 01

放下不切實際的「期望」，
擊敗交易心魔

很多人都知道，交易時要擺脫「心魔」！但心魔是什麼呢？在我看來，心魔其實就是你的「脆弱」、「不完美」及「未被滿足的過去」。我常從自己和交易心理的諮詢者輔導中，看見「害怕面對脆弱與不安全感、完美主義及追求自我認同」等心魔的影子。

回顧成長經歷，發現心魔的樣貌

有位交易心理諮詢者小切來找我諮詢時說道：「小時候，爸爸在金融業工作，很喜歡使用融資、融券開槓桿外加貸款來玩股票，常常因為使用粗糙的技術分析而虧大賺小。當他交易

不順時，只要我的行為舉止稍讓爸爸看不順眼，就很容易被痛打一頓。」

這樣的成長經驗，導致小切從小就很想好好地組建自己的家庭，也想盡量在物質上滿足女友或心儀對象，導致積蓄被花光，又用信貸來滿足對方需求，最終欠下債務，還得透過法院前置協商，才能暫緩債務累積，避免壓垮自己。

為了盡快賺回資本，他不自覺地想以小搏大，開槓桿買權證，又讓自己離經濟獨立之日越來越遠，直到看了我的粉絲專頁文章後才發現，「自己耳濡目染爸爸過往的交易行為，走向抄近路的心理狀態，影響了自己的投資決策」，所以在與我諮詢完後，隔天就趕緊減少槓桿的部位，降低了整體交易風險。

事實上，我的交易心理歷程跟小切有點像，我成長自一個對金錢沒有安全感的家庭，父親給我的感覺，就是要一直賺錢、對消費斤斤計較，所以我對交易產生的心理預期，就是「要賺越多越好」、「賺錢才能證明自己」。

「金錢等同於成就」這意念，幾乎貫串我早期失敗的交易生涯，因「過度追求認同、想擺脫自卑感及不想被指責等」，拚命想借錢來擴大槓桿，從交易裡證明我是有能力的，證明我可以養家、給我的家庭不需煩惱的財富。但實際上的交易事與願違，交易的不確定性，常誘發我們的脆弱，越無法接受自身脆弱的人，就越無法承擔風險，因為風險使你**感受到虧損、不**

完美的焦慮，連結到潛在的自卑感受。

　　交易，更深入的解釋是「對投資計畫中的策略訊號產生反應」、「對價格及行情產生評價」，這些反應與評價都會跟你個人的「心理預期」、「成長脈絡」有關。當你產生「想靠交易證明自己」、「賺大錢才算成功」這些非理性的信念時，會使你在交易或日常生活中常感到挫折，沒辦法好好肯定自己、愛自己，產生許多不安全感，讓生活變得鬱鬱寡歡；而這樣憂慮的生活，又會再次引發你對「自我認同」的焦慮，進而在交易中產生情緒干擾與偏差決策。

別讓「成就焦慮」滲透你的交易決策

　　當別人稱讚你的生涯或交易表現得還不錯時，是不是常無法好好收下這樣的讚美，來肯定自己、欣賞自己及「認同自己」，反而會陷入一種自己仍然能力嚴重不足的成就焦慮當中呢？

　　「成就焦慮」是一種**害怕個人成就比不上別人的擔憂**，有成就焦慮的人，常會害怕自己比不上別人，沒辦法及時認同自己，總是對於成就有種莫名、不實際的渴望，例如想趁年輕時就靠投資與交易財富自由、一定要贏過某些人等等。

　　接下來跟你分享三個成就焦慮對「投資」主要產生的影響：

一、太想證明自己，不認輸

在交易時，有個現象你一定不陌生，明明已經到了自己設定的停損點，但是要按停損出場就是按不下去，其中一個主要原因，可能跟成就焦慮導致的強烈「自我證明」有關。

停損按下去，在結果上，你就是虧錢，在心理與成果上，都直接地證明「你是個輸家」，而不想輸的心態，造成你好幾次明明到了停損點，但怎麼樣就是不想出場，最終鉅額虧損的結果。

許多市場贏家都強調，「停損」、「控制賠」是交易致勝的關鍵，但實務心理層面上，我們很習慣把「虧損的結果」，在心理上直接連結到「**我們是沒有能力的**」這樣的想法。一旦有這樣的心理連結，很容易在停損點到的時候，產生許多焦慮、猶豫以及「拖延、凹單」，成為我們交易過程中的一大破口。

二、把投資的成就跟人生的價值畫上等號

很多人一定會很好奇，為什麼傳奇操盤手傑西‧李佛摩（Jesse Lauriston Livermore）擁有賺上幾億美元的交易能力，卻選擇走上自殺這條路，並說「自己的人生是一個失敗」。我覺得李佛摩把自己「投資上的成就」與「人生的價值」做出過高的連結，並且把人生太多的心力關注在交易上，進而忽略「好好經營與享受他的人生」。

我也曾經歷過這樣的時期，每月、每週，甚至是每天都在「盯著自己的績效」，看看績效有沒有超越定存和其他交易者、有沒有打敗大盤等等。如果沒有超越，就會陷入自我懷疑的挫折與憂鬱當中，但「**交易不應該是你人生唯一的成就來源**」，你不應該把交易看成是你生活中的全部。

三、過度放大他人、社會期待

過度放大他人、社會對自己的期許，我認為是成就焦慮對交易帶來最大的影響。

交易虧損的時候，我常會問我老婆：「如果我交易做不好，你會不會覺得我很糟，你對我這個人還有信心嗎？」我老婆總會回答我：「就算交易做不好，我還是覺得你是個很棒的人。」但過一陣子我又經歷虧損時，又會再問她一樣的問題。這樣的問題主要源自於**社會期待**，也就是「社會中大多數人對事物的普遍性標準與期盼」。

我也會想，周遭親朋好友都認為我是個會交易的人，是不是交易的獲利「應該要達到幾個百分點、幾百萬」，才不會辜負大家對我的期待。但實際上，很多期待都是自己想像後，再投射在他人身上的，並過度放大。這些都是無形的壓力來源，也會實實在在影響你的交易表現。試想，一個身上背負著過多他人、社會期許壓力的人，在交易上能夠做好精準及正確的交易決策嗎？

三個方法，擺脫成就焦慮

　　看到這裡，你一定會有疑問：「我該怎麼擺脫成就焦慮呢？」接下來跟你分享三個我實際有在運用、覺得能有效調節成就焦慮對人生與交易影響的方法。

一、學習自我覺察

　　交易時，你得覺察哪些心理困擾是由成就焦慮所引起，覺察自己的狀態（內部連結）是探索交易心理的第一步，每個交易的前、中、後你都可以試著覺察自己的心理狀態為何。

　　交易前，你要觀察交易與投資是否有非理性的心理預期，例如原本 1 支股票可能 1 年的合理報酬是 20%，但你卻設定 1 年要賺 100%，這個想要多賺的貪婪是來自於什麼因素，是有基本面等研究支持，還是自己心理上對於財富的過度渴望。

　　交易中，當你在進行買賣時，有些投資與交易的策略訊號出現時，你敢不敢進場買進，而該停損出場的時候你能不能勇敢執行，不行的話，是不是有什麼心理因素影響你，例如情緒干擾、過度害怕虧損等等。

　　交易後，你可以觀察自己是不是對於交易結果產生非理性的心理評價，例如因為虧損一些小錢而徹底喪失交易信心，或是因為賺得錢不如自己預期而感到低自我價值感等等。

除了覺察自我影響的狀態，你也得覺察到外界（社會價值觀、文化及親友期待等）對你的影響，這個影響絕對在你的成就焦慮中占有一席之地。人的心理狀態會被環境影響，我們的一舉一動還有認知，都會有**社會脈絡**的影子。

以我為例，我是南部傳統家庭長大的孩子，從小被教導要當公務員、三師（醫師、教師、律師）等收入穩定的工作，千萬不要碰期貨這種高風險的投資商品，但實際上，期貨的槓桿與風險是交易者是自己所控制的，「需要有穩定工作」的想法也會讓我在交易時，想證明給他們看「交易也能賺大錢」，導致我過度放大槓桿。

二、看獲利比例，不要看絕對值

許多人，包含交易初期的我，在投資與交易時都會犯一個很明顯的錯誤，就是羨慕他人對帳單上的獲利，或是羨慕親朋好友跟你分享賺多少錢（絕對金額）。我們往往忽略彼此「本金不同」這個事實，只會想要怎麼用現有資產，來達到這個對帳單上的獲利，反而過度放大交易風險。

為什麼會想要趕快達到別人所賺的金額呢？

因為對方（特別是親友）的成功，會引起你的成就焦慮，你可能會覺得：「他辦得到，我也可以！」所以你就會想趕快投入本金、加大槓桿，快速達到目標。只是這樣的交易思

維並不會讓你更快達到目標，只會加快虧損，甚至是「破產」的速度。

要解決這種潛在成就焦慮的方式，就是「**專注在獲利的比例上**」！

因為獲利的比例，才是體現你交易能力的方式。當你看到人家賺 50 萬，你只賺 40 萬，你覺得挫折；然而對方的本金，有可能是你的 2 倍。也不用因為 1 年賺了 30% 就覺得自己是神人，能超越巴菲特年化 20 % 以上的報酬率；要知道，他除了長年保持穩定報酬外，其持有的本金之大，還需要克服交易策略胃納量跟流動性的問題。

三、跟自己比較

雖然跟別人比較時，可以用獲利率來調整心態，但最好的方式，還是跟自己比較，因為「他人的成功與進步，都是他們自己的」。

他人的成功，不代表自己的失敗，且不斷跟別人比較，很容易累積成就焦慮。我們應該把交易的成長，聚焦在自己身上，有沒有「**持續超越過去的自己**」，才是你該關心的重點。

1 年裡，如果你每天比昨天更進步 0.01（1%），累積 365 天，你就會比第一天的你有將近 38 倍的成長；相反地，如果你每天退步 0.01（1%），你最後也會逐漸趨近於 0。（1.01 的

365 次方≒ 3800%，0.99 的 365 次方≒ 3%）

所以我自己也會每天做交易的記錄與檢討，回顧自己的交易策略、資金控管及交易心態，精進交易系統及心理素質；也會在盤中錄下交易的畫面，看過程有沒有能夠再改善的部分。

如果你還陷入類似的成就焦慮裡，你可以花費 1、2 天以上的時間，仔細回顧一下你的生命歷程，找出影響人生和交易的心理議題。找出是哪些擔憂與害怕，不斷干擾你的生活與投資，把那些「還賺不夠」、「你不夠好」給找出來，才能讓你卸下重擔，走得更快、更遠。

為了追求確定感，你會犧牲太多

這裡也要跟你分享：「不要過度追求交易的『確定感』。」交易心理諮詢時，我常會遇到來談者有「沒自信，導致交易沒信心」的問題，幾乎一半以上的諮詢者都有這狀況，這個問題多半源於「自我認同」。

我也曾有過這問題。

從幼稚園到國小畢業左右，我一直是個沒自信的人，因為皮膚偏黑，常被同學笑；長大後，也會因家境沒同學好，而感到自卑。因為太自卑，反而變得有點自戀（心理補償作用），我甚至曾把自己在遊戲的角色取名為「自戀狂」。

被別人稱讚或是準備考試時，我常處在自我懷疑的狀態中，很難自我肯定，一路上都在不斷追求別人認同，「確定」自己的價值，「確定」自己沒被討厭，內心常常浮現的一句話就是：「我真的有那麼好嗎？」

這樣的「自卑感」跟「追求認同」，也隱隱地影響我的交易，常不相信自己的決策，也會想要等「夠多、夠確定」的交易資訊出來後才進場，導致常追高殺低，最後只好放大槓桿凹回來。沒自信、容易自我懷疑的人，會想要在交易時，尋求確定感，不論是希望行情跟預測的一樣，或是想追求一個不切實際的勝率（超過 80 ～ 90% 以上）。

然而實際上的交易，總是充滿著不確定性，想追求確定，勢必要犧牲很多，犧牲獲利、賺賠比及時機等等。如果急著想靠交易證明自己，獲利焦慮、時間焦慮及成就焦慮自然源源不絕，你就更會想藉由「確定感」，來增加交易的「安全感」，減緩持續的焦慮。

那要如何降低焦慮、避免過度追求確定感呢？**從生活上練習**！

交易是個殘酷的修煉場，太多東西會誘發你的焦慮與負面情緒，虧損會、虛度時間會、看錯行情會，連賺錢但賺比別人少都會。與其在交易戰場不斷被折磨，不如學著從生活中建立個人的自信，例如學著做好一件有興趣的事被稱讚，好好當個

父母、子女及朋友等，或是幫自己訓練出強壯的身體等等。

這些生活上的自信，能夠遷移到交易上，我們常看到許多交易贏家、大神，他們在某個領域也表現優異，不論運動、品酒、烹飪、寫作、交際等等。「**你怎麼生活，就怎麼交易**」，把生活打理好，產生「我能過好生活」的自信，交易中大多的信心問題也會迎刃而解。

完美的交易者，從接納不完美開始

跟大家分享一個跟戰鬥機飛行員心輔宣教的故事，讓你了解為什麼覺察自己的脆弱、接納不完美，會對你的生活與交易來說這麼重要。

空軍的戰鬥機飛行員十分優秀，在身體素質跟心理素質上都是一時之選，如果他們轉戰做交易，相信能成為不錯的交易員。曾為空軍心輔官的我，有次奉命陪同上校政戰主任對戰鬥機飛行員心輔宣教，內心十分緊張，想說這些人心理素質幾乎都比我好，我到底要跟他們說什麼？

就在這時，我突然想起看過的一本書及其相關影片：《脆弱的力量》（*Daring Greatly*）。作者布芮尼·布朗博士（Brené Brown Ph. D.）強調，「脆弱」是創造力、情感與勇氣的核心，是人性最強大的力量，透過面對脆弱才能提升個人能量。書的

簡介寫到：「脆弱，是面對冒險和不確定時，產生的深刻恐懼和不安全感」。當我們因為害怕脆弱、害怕丟臉、害怕失敗而退縮，我們也犧牲了自信參與世界的機會，同時放棄自己得天獨厚的才能。

所以心輔宣教一開始，我就問這些飛行員：「我知道你們都很堅強，但是你們知道自己的脆弱是什麼嗎？」

當我問完之後，大家若有所思地回想，思考自己為了堅強，而把哪些脆弱心理壓抑在角落，也許是「從小的自卑」、「對愛的渴望」、「希望被認同」，也可能是「不想再失敗」、「不願被嘲笑」、「不想再貧窮」等等，當他們開始思考自己心中最薄弱的那一塊心理拼圖時，就會發現：這會是他們從事高風險飛行任務時的軟肋，或者說是堅強心理素質的破口。

為了避免這個心理素質破口（脆弱）對工作表現造成影響，我們多半會選擇壓抑；不過，當這脆弱處被個人的武裝隔離許久以後，總會以不同的形式反撲，也許是憂鬱症、自律神經失調或是其他的身心症狀等等，最終會從生理、心理兩個部分讓你再次意識到它的存在。

要當個成功的交易員及投資者，似乎也是如此，除了賺錢，我們都想靠投資、交易來證明些什麼，透過獲利，來壓抑、塵封甚至遺忘我們的脆弱。但只要一虧損、大賠，我們就很容易懷疑人生，質疑自己的價值跟能力，可能會開始討厭、嫌棄

那個沒能力賺錢的自己。那些因投資虧損而走上絕路的人，很有可能也是這麼想的，他們未必是能力不夠，只是無法接納自己的脆弱及不完美。

要如何改善脆弱對交易的影響？

你得接納及承認你的脆弱，並且在交易時要先認知到：「交易虧損」是否定「對行情的交易假設」，並不是否定「交易者的人格」！

個人的脆弱，可能源於自卑、恐懼或個體差異等，接受、擁抱你的這些不完美，試著看見「你積極擺脫這些脆弱」時付出的力量，而不是沉溺在這些脆弱之中，任憑它們影響你的情緒。你也能試著跟別人說出「你的脆弱」，跟信任的朋友、輔導者說出內心的恐懼與不安，這是一種化脆弱為力量的方式，當你能侃侃而談自己的脆弱時，代表你已有面對它們的勇氣。

從「我會不會很糟」轉變到「我已經表現得夠好了」，這對很努力的人來說，並不是種消極、示弱的表現，而是要學會看見自己的付出（而不是只聚焦在結果），從結果論者轉變為歷程論者，如同你稱讚所愛的人那樣，就算他們做不好，你也不會太過責怪，而是會讚賞他們有多努力去突破逆境。

以交易為例，假設某次的交易，因突然的總體經濟消息

（外部因素）而虧損，無法接受脆弱與不完美的交易者會想：「虧損不該有理由，我就是個差勁的交易者。」（個人內在歸因）；而願意接納脆弱與不完美的交易者會想：「我的交易計畫已經夠完善，這個消息不是我能控制的」或「很可惜這筆單被這個消息影響，我下次哪個操作還能更進步。」（外部歸因）

知名勵志書《被討厭的勇氣》以阿德勒心理學出發，強調追求卓越的力量，來自於自卑，因為「不完美」，所以激起你追求卓越的動力，我們不該一直重視不完美的結果，而是要聚焦於不斷用心往上爬的你。**從重視結果，改成重視歷程，看見你為了追求卓越而付出的努力，肯定很用心改善缺點的你，這就是擁抱脆弱的力量。承認與接納不完美，才會讓你更靠近完美。**

投資心理室 Podcast

追求「確定感」，會讓你在股市中追高殺低、錯過獲利

本集會告訴你：什麼是交易與投資的「確定感」？確定感跟你個人的自信、投資狀況有什麼關聯？投資與交易中不斷「追高殺低」的「心理因素」是什麼？如何在生活中鍛鍊自信，並應用到投資與交易中？

◆ 網址→ https://pse.is/4y5zqk

CHAPTER 02

找到金錢對你的意義，
不再受錢束縛

　　如果問你：「交易能給你什麼？」相信許多人第一直覺都會回答：「交易不就為了賺錢嗎？」的確沒錯，我交易也是想賺錢，所以，交易心理其實大部分探討的是：「**錢跟你的關係！**」

　　事實上，我是個可以吃水餃連吃 1 個月，每天穿迷彩內衣出門、不買奢侈品的清心寡欲男，較多的花費通常是忍不住的口慾，想吃美食，但也不至於花上鉅款。

　　那為什麼還需要靠交易賺很多錢呢？

　　一開始，因為我「想證明自己」，證明我能比投資做不好而影響生活的爸爸好。小時候，我總認為爸爸不買喜歡的東西給我們，或者出手小氣、喜歡計較，都是投資失利害的。但等

到開始投資後，我似乎也陷入父親的惡性循環之中，不敢花錢，凡事猶豫再三，只差在我還勉強能辨識當下的心理狀態。

當我釐清錯誤心態後再做交易，我喜歡上交易要對自己負責的感覺，也覺得交易像是場有趣的心理戰，甚至我可以把喜歡的心理輔導及心理研究融入交易之中，幫他人做交易心理諮詢、釐清交易心理，給予必要的心理支持，讓交易在我的生活中，有更多元及正向的意義。

所以除了錢以外，賦予所做事務意義感很重要，意義感是推動你人生持續前進的動力。交易要做得好、做得久，賦予意義是個不錯的方法，不論是「交易像創業」，交易是「適合個性的工作」，或是你的某個目標「只能靠交易才能完成」等等。

找到意義，你才會自發性地持續進步，才能在虧損萬念俱灰時，再撐下去。

有空或交易不順時，可以反思一下，交易對你的意義是什麼？如果找不到答案，不交易，也是個好選擇。

賺多少才夠？

之前參加一個家族治療的工作坊，是跟伴侶、父親之間關係有關的，在工作坊的主持心理師帶領下，帶我看見小時候父親沒有滿足我跟母親金錢與物質的部分，如何影響了我的成

長，並促使我在成立家庭後，想把這份遺憾轉為對物質的追求，補償給我的太太。

這種過度渴望財富的念頭，是辛苦的、是折磨的。更重要的是，還會在交易決策的過程中，不自覺地用較大的槓桿交易，渴望賺到超過自己實際所需的財富。

事實上，我跟太太組成的家庭算蠻有財務餘裕，在我退伍以前，我們各有一份薪水不錯的穩定工作，想要做什麼基本上都是無虞的。

但從小深植在內心的「匱乏感」，促使我不斷想賺更多錢，最好多到可以讓我跟太太都不用工作，不用煩惱工作壓力及物質生活，而這份「金錢焦慮」，其實是十分不理性的。

我們可以從物質、心理面這兩個面向來探討滿足感：

一、物質滿足

「滿足」聽起來是抽象的名詞，當內心對財富有強烈匱乏感及不安全感時，會產生災難性思考，「錢好像很不夠用、我好像快要變成窮人」，金錢焦慮會隨著收入的暫停而不斷湧上心頭。

為了破除這個非理性的念頭，我們要務實地盤點自身財務狀況，確實清點實際的資產，破除不現實的貧窮想像。

首先，要了解個人的現金流狀況（盤點收入、支出），你

可以先把所有的戶頭、存摺等等拿出來，看看自己總共還有多少存款，並計算自己正職與兼職的收入。

接下來，把現有的房貸、車貸等定額債務列出，並透過記帳的方式，抓出每個月大概的平均支出花費。支出統計是評估物質滿足的關鍵，因為你可以「量化慾望」，知道每個月的慾望要花多少錢滿足。

把收入減掉支出，就是你可以用的現金流，而投資可以用的錢，會從現金流入提撥一定比例到現股交割戶頭、期貨保證金戶頭中，也就是你可以虧的錢。把這些東西好好盤點清楚，你才不會一直「感覺」錢好像快不夠用。我以前投資大賠那段日子，常覺得好像快要沒錢了，但認真盤點後，才發現只要節省一點，甚至還能存下一點錢。

二、心理滿足

心理滿足的部分比較抽象，我區分為「感受到自己滿足」、「感受到滿足別人」兩種。

❶ 感受自己滿足：

藉由心理學、行為財務學得到諾貝爾經濟學獎的康納曼（Daniel Kahneman）曾說：「金錢對人生滿意度也有重大影響力，但只有在你缺乏資金時，金錢才能影響你的快樂。貧窮帶

來苦難,但只要收入超過基本需求一定程度,就不必然增加你的快樂。」

這代表著,「如果你能滿足基本需求,你就有可能跟世界上最有錢的人一樣快樂」。康納曼也提到,想要創造滿足感,最重要的是「在生活中創造美好回憶」,你得去做那些你熱愛、會讓你興奮及悸動不已的事。對我來說,是旅遊、美食和親友快樂相處與幫助他人等,而你也需要思考屬於自己的心理滿足感來源。

❷ 感受滿足別人:

至於感受滿足別人,這個比較淺顯易懂,你不應該用猜測的方式,去揣摩他人是否會滿足,最好的方式是「直接詢問與核對」。

以我跟太太相處為例,以前我都覺得要賺到年薪幾百萬、不用讓老婆上班,才能當個滿足家庭的好丈夫,但後來跟老婆懇談才發現,只要偶爾帶家人國內外旅遊、吃美食,就已經很滿足了。

其他那些經濟條件,都是我自己想像出來,想要滿足我對金錢的焦慮以及不安全感而已。所以,如果你對某個人有心理滿足上的愧疚感,不妨在一個好的時機、安全的環境與關係下,直接詢問對方,確認他的感受、核對你們的關係!

如果對方已經滿足，就可以卸下你心裡的重擔；如果還沒滿足，你也可以知道確切努力的方向，不用撞破頭還做白工。

最後，希望大家能夠多愛自己一點，你的內心越富足，對於錢的追求也就越不辛苦！

不實際的金錢期待與槓桿

以前交易操作還不成熟時，「控制槓桿」是我最大的毛病，不論什麼行情或商品，總是 all-in 打滿資金，甚至還爆倉交易。儘管我知道這是錯誤的，但總有種賭博上癮、金錢上癮的感覺，看著未實現的獲利爆多，內心就十分興奮，不停幻想財富自由到來的那天。

為什麼槓桿無法控制下來？

除了還沒因為交易爆倉吃過苦頭以外，前面有提過，因為父親的緣故，使我從小對於金錢的過度壓抑，讓我在投資與交易時產生心理補償的作用，我希望取代父親的角色，賺很多錢讓家裡的經濟狀況與生活變好。

印象很深刻，我跟媽媽都很喜歡巷口的日式別墅，高中到剛出社會時，一直告訴自己：「總有一天，要讓媽媽從舊公寓搬到那種別墅。」抱著這樣不務實的期待，很努力地想辦法賺錢，大學靠著投資賺了些錢，但離目標還很遠，再加上不喜歡

從軍生活，想賺大錢離開，這些不實際的信念，都影響我交易時的錯誤槓桿。

補償作用（compensation）是精神分析學派裡的一種防衛機制，指的是我們想透過現在的**過度努力**，來彌補過往所匱乏的。從阿德勒心理學提到的目的論來看，補償與自卑感可以是種動力，但如果沒有正確覺察成長脈絡對現在生活的影響，則很容易被「過度補償」（over-compensation）壓垮自己。

交易過程中，你會發現很多「知道，但做不到」的事，這些「做不到」，常是成長中的「遺憾、匱乏」在拉扯你，因為以前的不滿足，現在才想加倍努力、鍥而不捨地追尋，但當你把自己的奮鬥引擎操到過熱時，很容易使自己身心俱疲，甚至崩潰。

我開始學會妥善控制槓桿的時候，正是我放下「要幫媽媽買棟房子，才是孝順」、「賺大錢，才能讓我的老婆小孩過好日子」這些非理性念頭的時候。

影響投資決策的金錢匱乏感

蠻多人諮詢時都會跟我反映：「不知道為什麼，常常自己想的跟做的不一樣。」其中主因在於：「**交易決策時的情緒干擾，部分源於過去不愉快的經驗，特別是跟錢有關的感受。**」

有位認真的讀者小野找我諮詢交易心理的問題，他說
2021 年在美股賺了超過 100 萬，但 2022 年行情不好做時，開
始遭遇一波波投資亂流，導致百萬獲利全部回吐還倒賠，使他
開始陷入無限的自責循環之中，甚至還一直負面思考 ：「我
是不是這輩子注定不能有錢？」

　　小野跟我說，他會接觸投資的原因是想改善家境，從小看
媽媽單親辛苦地把自己帶大，所以長大後很渴望可以賺錢讓媽
媽過好日子，投資時也把母親的退休金一起投入進去，希望可
以藉由投資翻轉過去艱苦的窮日子，沒想到事與願違，因為虧
損導致母親的退休金也岌岌可危。

　　大部分的人交易時，可能都會有這樣的狀況，你的交易預
期，跟某個心理預期連結，當這個心理預期太強烈，或是沒那
麼合理時，就可能干擾到你的交易情緒。

　　以小野的例子來看，他想改善苦日子、賺錢讓母親過好日
子的期盼與焦慮，加諸到交易上，所以有了較多「不能輸」的
壓力，影響到他過度交易、無法確實執行停損等，只要虧損到
某個金額時，就會觸發「完了，我可能不能給母親好日子」的
焦慮與擔憂，不只交易信心大受打擊，也會讓投資計畫變得一
團混亂，在交易執行面上產生問題。

　　當你發現自己的交易過程，已經跟非理性的心理預期、金
錢焦慮產生連結時，可以從「交易策略」（治標）與「交易心

理」（治本）兩種方式加以處理。

一、交易策略

　　如果你因為急著想賺大錢、改善窮苦日子，買了許多台積電（2330）的股票，期待可以從這筆投資，達到接近財富自由的獲利。但過了一陣子，你發現走勢不如預期或虧損時，你可能會開始感到緊張及焦慮，深怕辛苦賺的錢付諸流水，再也沒有辦法過上好日子。

　　對於這種方式的應對方法，是「一開始就設定好停損點」，代表著你知道最多會虧多少錢，如果怕虧損會帶來「回到苦日子」的焦慮，想「限制這個焦慮」，那就要限制「虧損」，當意識到最糟的狀況被限制住時，交易決策上的焦慮感與情緒干擾就會減少。

　　但這個方法並非長久之計，因為你如果停損很多次，還是會造成絕對金額上的一定虧損，導致你對金錢的焦慮感沒有實際上的減緩，只是把心理上短期劇痛轉換成慢性疼痛而已，所以你還是得回去關注交易心理的狀態。

二、交易心理

　　從交易心理的角度出發，比較能夠根本性地解決交易情緒的問題，這個方法就是要「斷開跟錢的感情」，我們可以從生

活上、情感上去核對金錢焦慮。以小野的例子來看，小野的金錢焦慮來自改善家中經濟、讓母親過好日子，所以最好的做法是直接跟母親核對「母親是否需要靠錢改善日子」，或是跟自己做情感上的核對，「想賺大錢是不是我想逃避辛苦童年的替代做法」。

小野在諮詢的當下，做了情感上的核對，「賺大錢是他個人的期待，並不是母親的」、「媽媽從沒有要求過他什麼，導致他想讓母親過更好的生活」，聽完後我很佩服小野覺察的敏感度以及面對自己的勇氣，他終於在說出口後發現，原來干擾他投資決策的，是這些對金錢的期待與焦慮。

做投資與交易前，釐清自己的心理狀態是非常重要的，特別是要覺察自己與金錢的關係，核對獲利預期與心理預期是否合理，當核對完成後，就能有效降低賺錢的焦慮。如果沒有去面對這塊焦慮，則很容易持續被「需要賺錢的焦慮」影響交易情緒，導致癱瘓正確的交易行為。

幸福與成就，不是靠賺多少錢來衡量

「17,130,527」，這是以前心輔官辦公室走廊上的酒駕警語海報，「少尉到上校滿 20 年所得」。

雖然這只是串數字，但曾是驅動我工作的信念。以金錢的

角度來看，我 20 年工作的發展可能性與價值，幾乎都體現在這串數字，還有人人稱羨的每月退休俸上。

當我一踏進這個工作場域，就已經知道未來 20 年的財富軌跡，這個金額少嗎？又要賺多少錢才算夠呢？

這其實是不錯的中產階級薪水，但這份薪水並不會靠努力有大幅度上升，眼光也得放長到 20 年後的退休生活，才能安慰自己：「當下可能是值得的。」

直到自己開始工作後才發現：「**過度聚焦未來、穩定，卻忽略了每個當下。**」如果只想到金錢的總量，而忽略機會成本、心理成本及時間成本等，損失會比獲得還要多，所以我選擇離開。

我認為重點不是在賺夠多少錢，而是，賺的錢是否能「滿足你當下的狀態」，未來，就是由每個當下所組成，你在每個當下都會有對於未來的憧憬，每個人的慾望跟期待都不同，你賺錢的目標，就是想填補這些心理預期。

談到這邊，希望你認真思考，你的慾望與期待需要多少錢來滿足？是否真的得靠投資跟交易來實現嗎？

愛錢並不可恥，我也喜歡錢，但是，「錢不該是你唯一的歸宿」！

交易這件事很特別，雖然交易的目的是賺錢，但如果你抱持只想從這邊大賺一筆的念頭，往往會因「金錢焦慮」而沒辦

法把交易做好，因為交易心理會產生偏差。

渴望錢的背後，有可能是別的心理需要被滿足，例如「從小被歧視想尋求**翻轉**」、「父母未能給的愛」等等。可以試著**觀察**看看，有沒有什麼事情，是你吃點虧也甘之如飴，即使別人做得枯燥乏味，你卻樂此不疲？那件事，可能就是你成就與幸福的來源。

更重要的是，你也要檢視「交易有沒有給你帶來這種感覺」？強摘的果實不甜，硬做交易，可能只為了填補某些因錢造成的空虛。

很多人來交易心理諮詢時，常跟我說「抱歉打擾你，占用你時間」、「你願意花時間回我，我就很開心了」。事實上，有人來諮詢，我是很開心的，也感到很幸福的，雖然會花上時間心力，還要調節負面情緒，但獲得信任與被需要的感覺，有種成就與幸福感。

對我來說，成就，不是打敗多少人或賺多少錢，而是**影響多少人、幫助多少人**。

我並不是想打著懸壺濟世的名義，到處無償幫助別人，而是助人過程中，對我也會有心理及實質上的收穫，這是我選擇累積成就與幸福的方式，而不單只靠賺了多少錢。我大學以前總有個淘金夢（想賺很多錢改善家境），但隨著有能力助人改善心理，或是正面影響別人後，**發現金錢能帶來的影響力，未**

必多於一個健全的心理素質。

　　所以交易前，你應該仔細盤點做交易的現實與心理因素，確認沒有不切實際的金錢焦慮與成就焦慮後，才適合投身到交易的旅途中，並從交易的過程裡，一點一滴發現自己的成就感與幸福感來源。

投資心理室 Podcast

「金錢焦慮」如何影響你的投資？（feat. 陳家正諮商心理師）

本集會告訴你：許多人在進行交易決策與投資行為時，其實都有受到自己「金錢焦慮」的影響，想做好投資與交易，得要先釐清金錢焦慮。

◆ 網址→ https://pse.is/4xcgl8

CHAPTER 03 ————

交易操作好壞，
竟跟別人有「關係」

很多人以為交易做不好，都是自己的問題，但事實上，你的交易成敗，跟別人也有很大的關聯性！

為什麼這麼說呢？因為人從一出生開始，馬上就會面臨到許多的關係連結，最初的關係是你的母親，你是否能在一個安全的環境長大，跟母親的依附關係還有足夠安全感有關，接下來則是你的父親、手足、伴侶及同儕等等。

阿飛在交易心理諮詢的時候跟我說，因為他是家裡的老大，從小到大都備受父母期待，所以阿飛把這股期待，轉為嚴格的自我要求，並在交易中不斷用放大鏡檢視自己，是否有達到那個理想的家庭角色，儘管遇到挫折，也不會輕易地示弱、依靠別人。

這份善意的期待，最終變成潛在的壓力，讓阿飛沒辦法承擔長期投資累積的虧損，所以他把交易的框架，放在極短線的週期中，越做越短，甚至沒辦法把部位放超過幾分鐘，過往肩負在身上的高期待，也轉化為對投資勝率的期待，需要在極短線的交易中，追求高勝率的進場點位，抓到每個完美的轉折。

交易心理諮詢時，阿飛提到，雖然極短線交易的勝率不錯，自己也駕輕就熟，但交易幾年下來發現，如果想要有比較大的獲利、賺賠比，還是得試著把交易的週期拉長，而短線、高頻的交易已讓他積累了許多壓力。

透過交易心理諮詢，我引導阿飛觀察自己操作手法、持倉心態，讓他覺察到過度追求勝率和完美點位背後的非理性信念是什麼，理解自己不該把家人的期待過度放大，產生**不合理的自我要求**。我也提醒阿飛，應該專注在「交易歷程的正確性」，而不要過度重視交易損益的結果，這個「不過度重視」也要從生活層面去改善起，例如：嘗試對親友敞開心扉、與父母核對期待等等。

過了一陣子，阿飛回饋我說，他已經可以透過生活與交易的練習，降低極短線的交易，把交易週期逐漸拉長，生活步調也慢慢放鬆了起來，不會感受到以往的緊繃感，明顯感受到交易與生活品質有所提升。

相信許多讀者也跟阿飛有相似的際遇，因為交易的干擾

源，絕不可能只來自於市場，還有許多複雜關係的干擾。有可能是害怕你一事無成的父母、擔心能不能跟你走一輩子的另一半，或是你一直想跟他比較的同儕等等，後面的篇幅也將一一告訴你如何應對這些關係。

家庭的傷，會影響你用錢的心

有次帶小孩出去玩的時候，我在一個旅遊景點聽到某個小女孩的哭聲，她因為想買一個不到百元的泡泡棒，被她爸爸大聲斥責拒絕。

「哭啊你哭啊，沒人會理你！」爸爸在女兒旁邊大聲叫。「買那個，就沒錢吃飯了。」爸爸接著哀怨地說。

看到這場景，讓我想起了我父親。

父親常把物質的「經濟效益」擺在子女的需求之前，幾乎不嘗試了解我們的喜好與渴望，而當時的我們也沒有足夠能力同理他的顧慮，「金錢焦慮」也就自然而然地世代傳遞。那時還不成熟的我，把父親不願花錢視為不愛我們，也埋下「賺很多錢，才能過好生活」的非理性信念。

這個錯誤信念，導致我一開始的投資和交易產生極大偏差，滿腦子都只想「我能夠賺多少錢」、「我還能用什麼方式拚到更多錢」。《匱乏經濟學》（*Scarcity*）有提到一個重要

的觀念，叫做「隧道視野」（tunnel vision），當你陷入匱乏的狀態時，你的眼光只會集中到隧道出口的那道光，其他東西都看不見。

世襲著財務不安全感的人，通常都會有這種隧道視野，眼中除了錢，很難看到其他更重要的東西（例如：風險、重要的技能與意義感等）。

因為有隧道視野，導致做決定的時候，為了達到目標，得冒很大的風險，當風險發生，自己又陷入上一輩相同的困窘處境。

直到自己因為太過貪婪，在交易過程中過度槓桿而虧損，賠得遍體鱗傷之後，才發現源自家庭的金錢傷口，對我的交易有著這麼大的影響。

家庭的傷，往往會對交易產生不小的影響，有些人因對家庭有愧疚感，想賺很多錢彌補家人；有些人從小被爸媽冷落、瞧不起，想透過交易爆賺來證明自己；也有些人因家道中落，想靠用力投資來翻轉命運。

如果你沒有這樣的問題，非常恭喜你，你是幸運的一群；如果你有，建議你要花時間釐清家庭的傷，是如何影響著你的交易與理財，以便在犯大錯、大虧損前及早預防。

幸運的人用童年療癒一輩子，不幸運的人用一輩子療癒童年。

在交易中，童年成長的負面經驗會干擾你的決策、影響你的情緒波動。不過，你要記住，長大後，你已有能力可以決定要活成什麼樣子，並阻止不好的過去繼續傷害你、影響你的財務心理與交易心理。

投資目標與績效，該讓親友知道嗎？

當我把粉絲專頁分享的主題從一般心理轉型成投資心理後，眾多親朋好友都說：「我怎麼都不知道你有在投資？！」為什麼我好幾年都不跟他們說有在投資的經歷呢？你或許也會好奇，投資或交易的時候，到底要不要跟親朋好友說自己的投資標的與績效呢？

學習投資初期我看過一場 TED 演講：《下定的目標可別告訴別人》（Keep your goals to yourself），講者德瑞克·席佛斯（Derek Sivers）說：「**想要完成某件事，最好不要告訴任何人，因為被大家稱讚的興奮感，反而會降低你達成目標的實踐度。**」

席佛斯進一步指出，心理學家彼得·戈爾維策（Peter Gollwitzer）曾在 1982 年進行一場研究，邀請 163 名研究參與者寫下心中目標，其中一半的人要向房裡其他人說出目標為何，另一半的人則保密，每位參與者有 45 分鐘的時間去實現目標。結果發現，保密者們在實驗過程中，因為覺得自己離達標還很

遠，於是一直努力試著達成目標；而公開目標的人平均 33 分鐘就無所作為了，因為他們認為自己距離目標已越來越近。

當你告訴別人你的目標時，別人對你的支持與勉勵，會讓你心中產生一股「滿足感」，這股滿足感會減緩你繼續努力的動力，讓你產生已經有所行動的錯覺。

因此，當我在認真練習交易技巧，還有立志從虧損中爬起來的時候，幾乎都沒有跟身旁的人說，一直忍得很辛苦，但內心的確沒有自我欺騙的感覺。所以建議大家，在自己的交易還沒有一定成效前，不必急著跟別人說你的目標或績效，否則只是徒增內心壓力，也會對實現目標產生自我蒙蔽。

跟別人說自己的績效和目標，除了會減緩動力外，也容易產生「嫉妒感」跟「績效焦慮」，這種比較績效的感覺，也會影響你的自尊，進而在交易過程中產生情緒干擾。

大家都聽過「寧為雞首，不為牛後」，這種心態背後就是社會心理學的「社會比較理論」。美國社會心理學家里昂‧費斯汀格（Leon Festinger）指出，「**個人藉由與他人的比較，達到自我評估的目的**」，白話地說，我們的自我認同，是從社會比較、團體參照而來。

對應到交易上來說，你如果把績效公開跟 PTT、FB 社團的大神做比較，把自己歸類在交易贏家的參照團體中，你的自我認同感就有可能變低。當你的自我評估越來越低，你會想要

透過交易的正向結果（獲利）來提升自尊，證明自己也可以做到，這就容易導致一些非理性的交易行為（擴大槓桿、凹單求勝率及追求完美指標與進出場點等）。

所以，交易者可以在產生偏差行為時，留意自己是否陷入嚴重的社會比較中，才能及時調整心態。當下次我們想要跟別人分享目標時，不如換個方式——保持沉默，或許你的執行力會更上層樓。他人的讚美與自己的滿足感，我們就留到完成目標後再來感受吧！

一個人走得快，但一群人走得遠

雖然前面提到，把自己的績效與目標公諸於世，可能會減緩你執行的動力，但於此同時，你也要顧慮執行時的心理層面與壓力。

在我投資與交易的 10 年經驗裡，大部分時間都是自己單打獨鬥，從考上大學前的每天看盤、瀏覽財經新聞，到迷失於虧損大賠的槓桿交易，都是如此。但是，我發現自己一個人，走在這條路上真的好累。開心的時候，沒有人能分享發自內心的興奮，可能只會希望你後續報明牌、請客；難過的時候，也沒什麼人能夠分擔椎心刺骨、自我責備與深度沮喪的難受。

雖然有太太和一些較親近的親友能夠傾訴，但因為對方不

懂交易，所以也很難同理你交易中的挫折，或是理解虧損到底對你產生什麼樣的打擊。幸好，之前聽到一個專職交易者分享尋找交易夥伴的重要性，他說在交易很辛苦的時候，剛好在交易社團裡找到志同道合的夥伴，彼此建立一個小群組討論取暖，讓他走過一段難熬的日子。

後來我也決定不再自己埋頭苦幹，自己在交易社群裡找了幾個夥伴創立群組，大家每天會分享自己的交易心得、挫折及檢討。儘管群組內的交易夥伴們都還不是獨當一面的專職交易者，但都有一定的交易經驗，彼此在交流上十分愉快，也能適時給對方加油打氣，並且在互相分享的過程中，可以找到自己的盲點，學習對方的優點。

加入群組後，我有許多觀念進步蠻快的，也變相強迫自己每天要檢討交易操作（資金、點位、選股等等），讓我能維持這好習慣長達半年以上，很多交易的概念突然清晰、具體化許多。所以我很推薦大家可以找一些，跟自己有相似交易興趣的夥伴建立社群，彼此打氣，交流技術。不過對象還是要慎選，如果對方一天到晚黏著你要明牌，看到你賺錢就說你非常棒，對你交易的執行細節與心路歷程沒有助益的，就要避而遠之。

除了交易夥伴外，找到一個交易教練、老師也蠻重要的。雖然大家常在網上酸一些股海冥師，但網路上確實還是有不少很棒的交易前輩、專家會分享實用資訊。像交易前輩自由人，

我很早就在看他分享的免費與付費影片，不論是權值股的動態、規劃交易的點位等，最重要的是交易的哲學與生活的內涵，這些對交易的心理與技巧來說都十分重要。

最後想建議大家，預算夠的時候，不妨先找一些你信任、覺得不錯的交易者，尋求他們的協助，幫助你改善交易的技巧、觀念與心理狀態，會節省你非常多時間，也會讓你少賠很多錢，少走很多冤枉路。

如果預算不夠，你也可以找一些信任的交易夥伴，在難熬的交易過程中給彼此鼓勵，讓自己的交易之路走得遠一些。最重要的是，找到能夠支持你的家人，在家人的支持下，才能讓你在這條路上走得安穩，走得久遠。

別讓關係焦慮影響你的交易

為什麼家人對你交易的支持很重要呢？因為家人是你最常接觸的關係，而「關係」是影響交易心理的重要因素之一。然而這項心理議題，往往很難自我覺察，因為我們常陷在關係焦慮中無法自拔，更別說要跳出關係、客觀地自我分析了。

資深諮商心理師周慕姿在其著作《關係黑洞》裡曾提到，親密關係的依附主要分成三種：焦慮型、迴避型以及安全型。但你或許不知道的是，不同的依附類型，不只會影響我們人際

互動的模式，也會影響到我們在交易方面的決策。

一、 焦慮型依附

在關係中常需要確認彼此關係，常能明顯覺察對方的感受，所以在關係中常常「過度努力」。

我就是屬於這一種，每當交易遇到挫折，呈現不好的狀態時，就會纏著我老婆問：「你會不會因為我交易做不好而放棄我？」幾乎沒有一次例外。所以當我老婆看我緊張兮兮、畏首畏尾的樣子，就知道我今天的交易又做不好了。

焦慮型依附者如果需要安全感，首先要努力的，是要增加對「自我價值」的信任感，學習**相信自己是一個有價值的人**。當別人認為你做的不錯時，別急著否認、過度謙虛，試著聚焦感受別人對你的肯定，讓你對關係產生較多的安全感。如此一來，可以降低為了討好關係而產生的衝動、過度交易。

當漸漸相信自己並建立起自己的價值感後，我開始了解到，「交易做得好不好，跟我與太太之間的情感關係是沒有關聯的」，她並不會因為我的交易操作失誤，而對我們的關係有很負面的評價，所以我不用再這麼汲汲營營地想靠交易獲利。

二、 迴避型依附

因為過去有不好的關係經驗，所以選擇只相信自己、對事

情異常理性，這類人會有遭遇虧損也不說的傾向，問題全都憋在心裡。

為了不要感受到緊張的情緒與關係，迴避型依附者不會輕易把交易的挫折傾訴出來，也就容易想用攤平等錯誤的交易方式，去減緩帳面虧損所產生的潛在關係憂慮。希望透過「做好交易」來遠離無謂的關係，想著「交易狀態好，就不會有人來煩我」，這樣的人也較難覺察自己的狀態。

如果要調整迴避型依附的狀況，可以嘗試把自己交易中的負面感受說出來，找個值得信任或具有心理輔導背景的專業人士傾訴。當你把感受說出來、加以核對與確認後，你才會發現世界並沒有要崩塌，只不過是交易稍微犯了錯，並不至於讓你陷入緊張的關係中。當你學會宣洩交易累積的負面情緒，不會再想逃避關係後，你隱忍凹單的機會也就自然減少了。

三、 安全型依附

如果你是安全型依附的人，你會認為世界是安全的，相信自己值得被愛，也懂得如何愛自己，關係對你來說，是值得信任且會帶給你安全感的。

交易是一條孤獨且漫長的路，如果你懂得愛自己、肯定自己，你就不容易受到盤面、損益的干擾，也不會輕易觸發關係焦慮而開始否定自己。

通常成功的交易者都是釐清了關係、接納自己後，才能心無旁騖地做交易，否則身上背負太多東西，每個交易行為，都是壓力。不論是對關係感到焦慮，或是想要逃避，只要學會辨識自己的關係焦慮與不安全感，就能慢慢調整自己的關係，讓它處在一個安全的狀態，使你的交易不會受到關係干擾。

家人對你的支持，需要經營

雖然家人與你的關係很重要，但要獲得家人的支持的確很不容易，交易心理諮詢的過程中，我看到許多想要從事兼職或專職交易，但家人卻不支持的例子。我自己雖然沒有受到很多親友的反對，但大多數人仍會希望我能夠好好找個工作，不要把大部分的心思都放在有關交易的事務上。

以前我總會想：「你們都不了解我，你們也不知道交易是什麼！」但我現在會思考：「我該做到什麼程度，才能讓你們放心？」交易路上有人支持是很重要的，因為這條路不只孤獨，還有無止盡的挫折，如果真的只有你獨自一人，會走得十分辛苦與煎熬。

那要怎麼取得支持呢？**溝通與信任**，是獲取支持的重要前提！

交易的過程中，如何正確地揭露資訊、使對方安心很重要。之前的文章有提到，幫助我停止交易崩潰的一個轉捩點，是 6 年前我決定跟老婆坦承我的百萬虧損。如果我對彼此的關係沒有一定的信任感，是無法做到這件事的。但是，要怎麼讓對方可以信任你做交易呢？

　　你可以先問自己：「你是否每天花時間研究投資與交易的資訊？」「能否每天固定時間都在報價前面，把它當作自己的事業？」「你賺錢後的態度是什麼？」「你賠錢後的態度又是什麼？」

　　為什麼要問這些問題？因為當你不再是一個人的時候，你再也無法說走就走，任性地 all-in 資金與發脾氣，並忍受一個人過著吃麵包等待大賺的日子。你已經開始要對你的伴侶及家庭負責。

　　當時我每天工作之餘，平均會花上 5 個小時以上看交易知識、交易心理及金融資訊的書籍，也會時常檢討自己的交易成效。最重要的是，當遭遇虧損挫折、自我懷疑時，得要盡快恢復正常的心理狀態，避免帶給伴侶過重的心理負擔。於此同時，你的資金也不能有太大幅的波動，特別是短時間的巨幅虧損。

　　一直以來，我盡力做到以上原則，所以我太太有看到我在交易上的努力。如果你也能達到以上條件，那就能給對方基礎

的信任感；而後續關係的經營與維持，就得仰賴你良好的溝通與人際經營，這些都需要良好心理素質才有辦法做到。透過真誠的溝通，累積彼此的信任，很多時候並非對方沒有能力承接與同理你的交易挫折，而是你還沒有足夠的勇氣接受自己。

好好地經營關係，會讓你在遭遇重大交易挫折、需要踏出尋求支持那一步時，不會那麼沉重，也能讓你更心安地走向交易之路。

投資心理室 Podcast

該不該跟別人說：「我的工作是什麼？上班（投資）賺多少錢？」

本集會告訴你：為什麼他們都要這樣子問？（心理學的社會比較理論）、你要用什麼方式擺脫對話地雷？（3個重要的心法）該不該跟別人說自己賺多少錢？

◆ 網址→ https://pse.is/4xz42n

CHAPTER 04

交易策略、商品
與個性（心理素質）的適配性

　　相信你也聽過，「選擇比努力更重要」，職涯如此，投資也不例外。很多人在交易上虧損，並不是因為投資知識的不足，而是沒弄清楚「投資商品」、「交易策略」，跟「自己的個性與心理預期」之間是否相符。

　　我們常會看到不同財經專家、網紅或親友們在爭論，究竟哪種投資商品與策略比較好？有些人喜歡指數投資，有些人喜歡存股，有些人喜歡現股當沖。我覺得商品本身沒有絕對的好壞（本身就是設計來騙人的商品除外），只是交易策略的屬性不同，適合的投資人也不一樣。

　　有些投資商品賺賠比高而勝率低；有些需要搭配總體經濟與財報分析；有些波動穩定、適合長線布局；也有些波動幅度

大，隱藏著財富重新分配的機遇。如果你真心想透過投資獲利，就得先充分了解自身的個性、心理預期與商品特性，而後才更好地發展出你專屬的交易（投資）策略與計畫。

策略、商品跟心理素質的適配性，為何重要？

我還在交易新手階段時，只會「買進個股」這招，每次遇到股票回檔，心裡都特別難受，想著自己要從一個自我膨脹、月賺六位數的少年股神，變成要拿紙箱去睡公園的韭菜。那時候常會想：「股票一直跌，我總能做些什麼吧！」沒有！什麼都不能做！只能一直等待痛苦的行情結束，真的等到受不了時，就會砍在俗稱「阿呆谷」的行情底部，錯過反彈的好價格。

後來我開始熟悉股票當沖、股票期貨、指數期貨，還有指數選擇權等商品，開始不會煩惱市場下跌，而是回歸交易本質——「心態與操作」的考驗。其中很重要的一點就是「交易策略、商品與心理素質的適配性」，也就是「投資的交易策略與商品，跟你的心理彈性、情緒調控等心理素質是否相符」。

舉例來說，某些人在「投資策略、商品上選擇保守」，可能是因為成長於傳統的南部公務員家庭，在「生活穩定代表有成就」的思維下，交易策略上就可能傾向保守，這樣性格的人

如果投身期貨或波動較大的股票，勢必面臨一定程度的煎熬，容易被價格的震盪給嚇出場。

或者有些人的個性傾向完美主義、結果論，想要「交易幾乎沒有大幅虧損、行情要照自己規劃的走」，那交易上就得採用「勝率高」、「回檔小」的策略，讓自己不會感受到太多虧損的心理恐懼；不過這類策略通常會壓縮到「賺賠比」，這部分就有賴交易者個人的取捨（trade-off）了。

熟悉商品與策略的特性

了解心理素質對投資商品與策略選擇的重要性後，你也需要多學習不同商品的特性。例如受不了盤整行情的折磨時，可以學習接觸選擇權，因為選擇權有賺取時間價值的策略（選擇權的價格包含時間價值，時間價值會隨著到期日的接近而快速遞減，當選擇權的賣方能夠獲取時間價值）；當你耐不住股票下跌，可以去了解期貨（股票期貨、指數期貨），因為期貨能夠提供你做空的選項；如果你對選股研究感到困難、有選擇障礙，也可以嘗試如何交易指數，透過期貨、選擇權等商品，你只需要交易加權指數這個商品即可。

你可能會想：「其他的投資商品，風險看起來都太高了。」但以期貨為例，它們的槓桿是依照你放入的保證金而定，以

18000 點的臺指期貨來看（1 點 200 元），契約價值是 360 萬，原始保證金 18 萬 4 千元，槓桿約為 20 倍；如果你想把槓桿調降為 2 倍，只需要在期貨戶頭放滿 180 萬的保證金做一口臺指期貨，就能大幅降低槓桿。

投資商品最高的風險，其實不在商品本身，而在於「你對商品的錯誤認識」，如果你對通貨膨脹完全沒概念，就算「持有現金」也是種風險。別因為手中持股遭遇接連不斷的跌勢，就癱瘓了你對交易、投資的學習與信心。趁行情不好的時候，多認識不同商品，指數投資、期貨選擇權、房地產等都好，即便帳面損益不如預期，但你至少好好把握住了僅存的時間與機會成本。

我曾犯過一個不了解商品的嚴重錯誤。當初為了想快速賺錢而交易選擇權，只知道它的獲利倍數高，卻不知道即使看對行情還是有可能虧損，對時間價值、波動度，甚至 *delta* 等希臘字母（風險係數）都不知道，結果短短幾週的時間，就把近百萬的資本全虧光了。深入理解之後，我才知道是自己知識不足的問題，而非商品的問題。

交易者還得要有一個重要的認知，並不是接觸新的投資商品後，你就輕輕鬆鬆多個賺錢管道了。之所以這麼做，是讓你增加交易與投資的多元性，去對沖掉無法承擔、扛不住的風險與心理負荷（如對大崩盤的恐懼、價格持續低檔盤整的焦慮

等）。要想順利地交易，本質上還是要充分了解自己的心理優勢，並擬定好能與心理狀態匹配的交易策略和投資計畫。

擬定交易策略或投資計畫

跟別人談論交易的時候，我很不喜歡聽到人家說出「玩股票」這三個字，「玩」這個字，特別討厭。因為當他說出這句話時，意味著他「不重視這件事」，或者認為「我做的不是件有意義、有價值的事」。

要在交易中穩定獲利，是件不容易且需要大量努力的事，這需要花很多時間練習、學習與摸索，才能制定出好的交易策略與投資計畫。

主要交易策略與計畫，依照動能與週期，可區分為順勢交易、逆勢交易、短線交易與長線交易：

順勢（右側）交易：這類交易策略主要是等較明確的行情、趨勢出現才做交易。這也是我主要使用的策略，原因是我的心理狀態較容易自我懷疑、需要他人認同；對應到行情上，就是需要靠較明確的走勢來促使我進場（對勝率的要求較高）、提升自己的抱單信心。

逆勢（左側）交易：這部分的交易以抓轉折為主，不論是

短線價格動能的竭盡、或是長線的逆勢布局建倉，都需要個人有堅定的投資信心、扎實的研究。這個策略適合本身個性較不容易受影響、能夠堅持己見的人。

　　短線交易：短線交易的特點是交易頻率高、價格振幅比長線交易小，適合心理上需要立即回饋、較有獲利時間焦慮的投資人。它的好處在於資金的週轉率高，但交易成本高是其缺點。

　　長線交易：長線交易的特點是交易頻率低、價格振幅比短線交易大，適合不想要一直盯盤、對自己投資研究較有信心的投資人。好處是交易頻率低、成本支出少，缺點是抱錯單時易有超額虧損，且結果的回饋較少（多空循環一次時間較久），較難透過市場回饋來及時驗證自己的研究與假設。

　　當你調整好自己的心態與交易策略後，就得要維持交易與投資的一致性。用怎麼樣的交易訊號（邏輯）進場，就要根據一樣的框架及邏輯出場，並規劃好資金要怎麼分階段投到市場裡，虧損到什麼地步要斷尾求生，還有獲利以後要怎麼妥善地保本等等。

　　為什麼要擬定交易策略與計畫？因為交易的本質是「對賭」，更正確的說法是：「交易是一種賽局」。買賣雙方評估優勢、劣勢，對同一個標的做出不同的決策，誰能對自己的心

態、策略有更高的把握，並運用反市場思維，就有機會找到別人還沒發現的寶藏。

如果沒有好的交易策略與投資規劃，你就很容易過度靠感覺交易，本來短線進場遇到虧損就改口說要價值投資，打算長線存股但大漲後又想改做短線波段交易，最後交易週期大混亂，整個投資一團糟。

並不是說短線投機就一定不好，長期投資也並非總是穩賺不賠，你需要知道的是，短線投機容易有資訊劣勢或誘發你的人性劣勢，而長期投資也在考驗你財富心理的穩定度與成熟度。交易要獲利的前提，是你得知道「交易實務與心理的優劣勢在哪」，你必須知道你的交易賺什麼樣的錢、是由誰賠給你（交易對手），才有辦法擬定合適的交易策略。

以我為例，在個性上我較沒有自信，無法接受長線投資的心理煎熬與折磨，持倉過程中會有較多自我懷疑，所以沒辦法等到長線投資開獎，需要靠快速的短線答案來給我證明。

而心理預期的部分，因為出身自較不富裕的家庭，對於財富的渴求較高，選擇短線交易是希望藉由「高資金週轉率」，來增加資金的使用效率；但相對的，我就得要承擔較高的操作難度及摩擦成本。

你可以照著上述自我分析的案例，嘗試看看覺察自己的個性與心理預期。

能賺多少錢，是市場決定的

當策略與心態都調整好後，剩下的獲利問題，就交給時間跟市場決定了。

「你能賺多少錢，不是你能決定，是市場決定的！」我剛開始學交易時很討厭聽到這句話，那時覺得這是「弱者的藉口」，聽起來像是賺不到錢後為自己開脫的廢話。但當我在交易中跌到頭破血流後，再次看到這句話，才發現自己繞了一圈，又回到早知如此、何必當初的原點。

許多人來交易諮詢時，常跟我說「想靠投資多賺點錢」，第一時間我都沒有回應什麼，但內心總會想起「能賺多少錢，是市場決定的」這句話。以前剛學投資時真的很衝，老想要把各大交易門派的功夫學齊，覺得「學越多招，投資報酬率越高」，也能早日成為少年股神。

但實際上，交易，只是把你的「交易假設」放在市場上驗證而已，損益是交易假設跟市場波動互動的結果。再精密的交易假設，遇到不如意的波動樣態，也只能摸摸鼻子等待，或找尋其他市場或商品。

你可能會納悶，難道真的無法改變損益嗎？其實還是有的，「選擇（風險）」與「資金（大小）」可以影響投資的盈虧幅度。

選擇跟資金，如何影響你的損益呢？從選擇（風險）角度

來看，如果你把勝率拉高，犧牲賺賠比，只要心臟夠大顆，把風險耐受度提高，損益的「波動」自然會變大。

舉例來說，買進某檔股票，原本你的交易框架賺賠比是 2（停利 10%，停損 5%），為了明顯增加獲利次數（提升獲利決定感），你可能會把停損拉大，降低賺賠比，變成停利 10%，停損 10%。但實際上的期望值（勝率 × 賺賠比）沒有改變太多，甚至 MDD（Max Drawdown，最大交易回落）可能會讓你情緒失控到畢業。你以為的損益增加，只是損益的波動結構改變。

而資金的部分，就是投入的金額，你只要多砸錢到市場裡面，賺的錢當然有可能變多，這是基本的數學問題。等式左邊乘上錢的倍數，右邊的收益自然也會加倍，所以累積資本為什麼很重要，因為這才是實際有效提升獲利的好方法。

撇開你的個人選擇與資本，好的交易策略能有怎樣的獲利，還是得看市場當天波動的樣態，是否符合你的假設（交易邏輯）。不要每天想著賺很多錢，事實上，在沒有累積資本的情況下，你只是靠著放大風險（槓桿）或改變損益的分布，來增加特定日的獲利，總體結果還得靠「**交易假設（邏輯）× 交易執行力 × 市場波動**」的結果。

看到這你可能會納悶：「難道真的沒有交易的聖杯嗎？」我認為有的，其中一個明顯的聖杯，就是「心理穩定度」，當

你心理穩定度高，交易中的雜訊就不會影響你在盤中的情緒調節與交易執行力，減少容易造成虧損的決策。

好的風險意識與投資計畫，也能讓交易心理更加穩定，交易的本質並沒有那麼複雜，難就難在「無法接受簡單的事實」，難在「無法做到簡單的行動」。如果你能夠想透，最終交易的結果，說穿了也就僅是「賺該賺的錢，賠該賠的錢」而已。

投資要資產配置，你的心理也需要

提到心理穩定度對交易的重要性，那就一定得提「心理的資產配置」！

不論交易還是生活，我都十分建議做好心理的資產配置！交易的部分，如果你主要投資的商品是高風險的（選擇權、期貨等），建議你一部分的資金運用就要偏向保守，因為你不能讓自己一直處在一個心理負荷很大的波動中。

相反的，如果你是做比較保守的投資（指數 ETF、定存等），就可以嘗試拿很少的資金（低於 10%），做較有風險的投資，這部分也許會虧損，但可以平衡你內心想賭的衝動，降低你因為低績效波動帶來的心理不適。

生活的部分，如果你上班的工作內容，較無法自我實現你的夢想，屬於高薪但做得沒有很快樂的工作，那下班後就盡量

不要為了錢，再去兼職做不喜歡的工作，因為這樣會讓你更抗拒勞動，而造成反效果或心理負擔。假如你上班的工作自我實現感高，可是薪水低，那就不妨在閒暇時間，去兼職一份單純為了薪水而做的工作，平衡麵包與自我滿足的感覺。

投資心理室 Podcast

我適合投資哪個商品？「心理成本」是你的首要考量！

本集會告訴你：什麼是投資與交易的「心理成本」？為什麼選擇投資商品的時候要考量「心理成本」？長、短線交易跟心理狀態的關聯性是什麼？
◆ 網址→ https://pse.is/4ylyca

PART 2

投資總是失敗，
到底哪裡錯了？

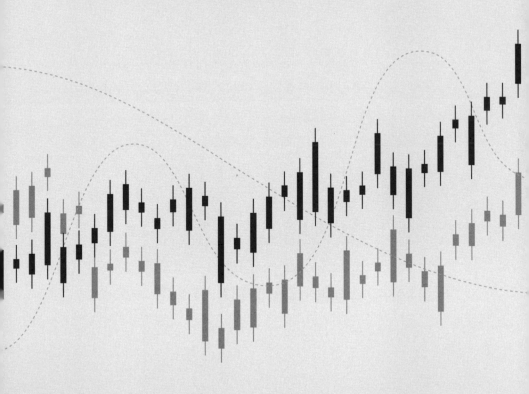

CHAPTER 05

常見的認知偏誤，
如何改善？

　　過往的經濟學理論，通常假設投資人是理性的，但當認知心理學家丹尼爾・康納曼獲得諾貝爾經濟學獎後，大家漸漸開始關注「心理學」在經濟與金融的影響，讓行為經濟學這門學科越發蓬勃發展。行為經濟學在投資的應用中，以諸多認知偏誤最常被投資人所討論，所以本章會介紹交易實務中常見的認知偏誤，讓你可以辨識自己遇到什麼心理陷阱，了解這些陷阱背後的心理機制，並找到適合的方法去克服。

你想看的交易資訊，有幫助嗎？

　　你是否曾有過一種經驗，當你想要買一檔股票或已經持有

一檔股票，就會不斷地去確認相關股票消息及新聞，而且會自動過濾掉利空的部分，只搜尋自己想看的利多消息，證實自己的認知是對的。

這樣的想法稱之為「確認偏誤」（confirmation bias），暢銷書《思考的藝術》（*Die Kunst des klaren Denkens*）是這麼說的：「**確認偏誤是所有思考錯誤之母。這是一種將新資訊解釋成呼應既有理論、世界觀或信念的傾向。**」

白話地說，只要遇到你原本觀點不相符的資訊，你都會自動把它忽略或過濾掉，只看那些讓你感到舒服、熟悉、與你認知相近的資訊。當你買進一檔股票抱在手裡時，是否會一直去看它的利多消息？儘管這檔股票的價格正不斷下跌，你還是會在一片市場哀嚎中找到可以取暖的同溫層，還有財經新聞安慰劑（placebo），來滿足你對於這檔股票的確認偏誤。

很多年前，那時我臺股融資賠了快 50 萬，只好把交易戰場轉移到幾乎沒有漲跌幅限制的美股。當時剛好遇上隨身穿戴裝置的熱潮，我把手邊僅存的幾十萬資金投到火熱討論的 Fitbit 公司中（代號：FIT）。因為想把臺股的虧損拚回來，所以每天軍官的勞累工作結束後，晚上就在床上目不轉睛地瀏覽 Fitbit 公司的新聞，英文閱讀能力還算不錯的我，每天晚上可以瀏覽好幾十篇，確認都是利多後才敢睡覺。

但過一陣子後我覺得不大對勁，為什麼明明都是利多，股

價卻一直跌。我於是更勤勞地刷利多新聞，來安定自己的信心，晚上看不夠，白天繼續看，不斷給自己餵食確認偏誤的安慰劑，直到虧損到無法再承受時，才終於接受原來我一直在欺騙自己的事實。

這個故事、這種現象你熟悉嗎？如果你感到有點熟悉、有些雷同的話，那你可能也和我一樣掉到確認偏誤的陷阱當中了。這裡提供你兩個破除確認偏誤的方法：

一、尋找否證資訊

《思考的藝術》提到：「試著找出這些信念的否證證明。」這就是打破確認偏誤的主要方法，假如你持有 A 股票，在 A 股票上漲的過程中，除了觀察利多消息以外，也應該找出利空的否證消息，核對 A 股票是否真的有續抱的價值。比方說，A 股票的新聞利多消息是搭上 AI 熱潮，但你也可以去研究一下 A 公司的業務裡面，AI 到底占多少比例，或是有多少競爭者。

交易的環境充滿不確定性，所以當你很確定一件事情是對的，並持續找尋證據來驗證你的假設時，不妨思考看看，這件事有沒有反面的例證，用多元角度來檢視、增加決策的完整性。

二、揣摩交易對手的思維

交易過程中大多都有一個交易對手，你當買方，就有一個

賣方；反之亦然，有可能你跟另一個散戶當交易對手，也有可能你跟造市商、專業法人機構是交易對手。

當你陷入確認偏誤，不斷餵養自己符合認知的訊息時，也可以試著從交易對手的角度揣摩看看，你的交易行為是否合理？為什麼你這個時候買，會有人願意賣給你？例如大家聽到國安基金進場，第一直覺就會想要買進，但當你發現想買的標的漲不上去，不妨站在賣方交易對手的立場思考一下，你就會意識到，他們很可能想趁此多方氛圍解套。

當你能從否證資訊、還有交易對手的思維，去反思自己的部位時，相信會讓你排除確認偏誤。並使你有多一些的交易信心，少一些盲目。

虧損是必要之惡

交易心理諮詢時，遇到許多來談者的問題都是「過度要求高勝率」。會有這樣的現象，跟「損失趨避」（loss aversion）有關，心理學家康納曼與阿莫斯‧特莫斯基（Amos Tversky）在 1979 年的研究顯示，損失帶來的負向感受是獲利正向感受的 2 ～ 2.5 倍。

「虧損」這個負面結果，也會喚起你的自我否定、自卑及自我認同感不足等負面感受，讓你想要逃離而盲目地追求高勝

率（70 ～ 80% 以上）。然而過度追求高勝率容易使你的交易失去彈性，也可能促使你過度交易，增加無謂的交易成本，反而降低了整體獲利。

要知道，交易跟創業相似，虧損是無法避免的成本。

導致你交易出現問題的，通常不是「虧損」這件事本身，而是你對虧損產生的「非理性反應」。當你認清虧損只是否定你的操作，而不是否定你的人格時，你才能正視「虧損只是成本」這件事。

當我遇到害怕虧損的諮詢者時，都會給他們三個建議（前提是期望值相同）：

一、改變交易方法，追求心理舒服的高勝率

因為改變心理狀態、探究心理困擾對交易者來說比較困難，所以我會先提供一個折衷的交易方法：犧牲賺賠比。

高勝率並非無法辦到，你只要犧牲掉賺賠比，就能換取較高的勝率。舉例來說，把原本設定虧 5 元、賺 10 元（不容易達到、勝率較低）的賺賠比，變成虧 5 元、賺 5 元（容易達到，勝率較高）的賺賠比。

像這樣提前出清獲利，就是一個典型犧牲賺賠比、換取勝率的方法。操作手法相對長線的交易者，為了要讓心理舒服而來諮詢時，我會跟他們說，想要「立即」避免心理煎熬，可能

就得捨棄原本相對長線的交易方式，縮短交易週期（降低賠率），當你提前獲利，就能減緩心理折磨。

這個方法雖然速成，但缺點是交易成本會提高，也會打亂交易策略，可能治標不治本。

二、調整交易心理期待與認知，符合理性操作

這個方法是我比較建議的，交易基本上需要理性操作，例如達到停損點要出場、順勢賺錢單要續抱等。我們的交易做不好，主要是心理的困擾、對虧損的厭惡等干擾了理性操作的執行。

所以我們需要調整對交易的心理期待與認知，排除非理性的想法（比如追求完美交易、每次結算獲利及精準訊號等）。

當你能及時辨識出童年經驗、工作與生活的不如意，以及對未來的恐懼，會如何影響到你對虧損的認知時，就是改善交易的起點。

三、設定損失上限，界定風險範圍

開始從事交易與投資的部分，你首先要做的是「資金管理」、「虧損控制」及「風險控管」，獲利是其次的考量。

特別當你虧了很多錢之後，你要開始限制自己每天能夠賠的金額，當你把虧損控制住了，你就知道自己投資最差的狀況

是什麼，搭配你目前的現金流，你就會有控制感。

舉例來說，你每個月可以用的交易閒錢是 2 萬塊，除以 20 個交易日，以勝率 50% 計算，表示你每天能夠虧損的上限大概是 2000 塊，當然你如果還有更多的資金，可以設定更高的上限。

一定要把自己能夠虧損的上限抓出來，最大虧損控制住了，才會有穩定的交易心理，這是最基本的投資控制感來源。

要你不想白熊，你會滿腦白熊

股票行情不好時，許多人都會遇到「交易信心」的問題，因為在近期經歷重賠而不敢下單，或是產生過度停損的問題。多數人會選擇「壓抑」，不要去想損失、不要去想賠錢，也不要去想已經虧了近百萬。

巴菲特說投資的第一法則是「不要賠錢」，第二法則是「永遠不要忘記第一法則」。但你在投資時，或多或少會經歷帳面虧損的時候，老是跟自己說不要賠錢，其實並不現實。更何況如果無法承擔風險，獲利也就無法放大。

事實上，越要你不要去想虧損，你越會滿腦子虧損，以心理學的角度來說，當你壓抑一件事時，這件事會更縈繞心頭，甚至帶來反撲。這稱為「白熊效應」（white bear effect），由

哈佛大學心理學家維格納（Daniel M. Wegner）所提出，他發現做心理實驗時，要人們刻意忘記白熊，反而白熊一直出現腦中。背後原理是大腦為了消除「白熊」，必須「分神」與「監控」，但這兩個行動的過程中，都必須喚起「白熊」這個刺激，導致你不要想白熊卻滿腦子白熊。

回到交易上，交易中常有許多「心魔」，生怕一做不好，人生就沒前途、自己就沒價值、誰誰誰就會怎麼樣……種種恐懼造成你不敢停損、過度槓桿、冒太大風險，或者不敢下單。

越是壓抑這些心魔與恐懼，它們越無時無刻出現在每一次的交易中，導致衝動交易、計畫崩潰甚至喪失信心。你會想：「不把它壓下來，那要怎麼辦？」其實比較好的做法是「辨識」它、「接納」它。像是：「喔！白熊（交易心魔）你又出現了，我看到你了，但我已經習慣（或不害怕）了。」這樣的想法不用跟內心、本性對抗，又可以排解壓力。

我們要做的是「去敏感化」（desensitization），而不是把它們壓在掩埋場裡，到最後還是會發臭。當你透過交易諮詢或是心理諮商，獲得良好的「矯正性情緒經驗」後，這個經驗就會成為你對抗交易心魔的武器。每當心魔出現，這經驗會提醒你如何面對它，隨著交手後的正向結果越多，負面聲音（心魔）會逐漸淡化。除非你心理狀態惡化，這個交易心魔才會再次湧現。

信心很重要，但過度自信會慘賠

華爾街有句名言，讓我感觸頗深：「華爾街有勇敢的交易員，有年老的交易員，但沒有又老又勇敢的交易員。」

看交易偉人傳記，不外乎兩種，一種是原本已有較高層次的交易哲學，可以對市場保持謙遜、認清自己的不足，不斷累積自己的實力，扎扎實實用時間來換取獲利。另外一種，則需要幾次破產的洗禮，走過市場的巔峰，也跌過市場的谷底，磨掉原本不成熟的稜稜角角，才鍛鍊出足以在市場生存的心態。

不論你的途徑是哪種，過度自信（overconfidence）都是應該要避免的，否則只會使你過度交易、誤判行情，最終成為韭菜或墓草。過度自信是投資中常會發生的心理偏誤，投資人會誤認為自己的主觀認知與信心，比客觀事實還要精準，導致錯誤決策的產生。

年輕氣盛時，我總想著學遍各式武功，想來征服市場，大殺四方，賺取暴利。看到空頭就用力放空、看到多頭就死抱著不賣，書多看幾本、課程上一上，交易不就那麼簡單而已嗎？直到被市場修理得傷痕累累，才發現，「謙遜地看待市場」，才能平心靜氣地看待那些起起落落、失敗與成功。

謙虛並不是要你跟市場投降，放棄交易的信心，而是不會對你無法控制的事情，抱持「非理性的期待與自傲」。例如：

什麼樣的行情都想要大賺、每天都要獲利、市場是我的手下敗將等等。

不能成為盲目的交易賭徒

某一回，我的當日沖銷交易連續賠了 7 天，第八天要走到交易桌前時，老婆突然把我叫了過去，跟我說：「加油！不要被七連敗影響！今天的你是全新的你。」她因為看到我連續 7 個交易日虧損，影響了生活與心情，特地在當天開盤前把我找過去精神喊話。

連續虧損 7 天是非常痛苦的事，除了虧損的痛苦以外，還得不斷跟賭徒謬誤（gambler's fallacy）抗衡。賭徒謬誤是一種跟機率有關的認知偏誤，我們習慣對發生很多次的事情，認定為接下來不會發生；或是認定一件很久沒發生的事情，接下來有高機率會發生。

為什麼跟賭徒偏誤抗衡很辛苦呢？因為我們內建的心理認知會覺得：「跌了好幾天的股票，隔天漲的機率特別高，連續虧損後總該讓我賺一天吧？」事實上，連虧好幾天的股票，接下來仍有一定機率續跌，而你的虧損也不會在連續幾天後就自然翻正；但我們卻會順著賭徒偏誤，不斷加上槓桿與部位，下場自然可想而知。

以前交易心態不成熟時，一遇到連續虧損，我就容易心態炸裂，想說虧那麼多次了，下次就會賺（賭徒心態），就用接近翻倍下注（馬丁格爾策略）的方式，想把虧損翻成正數，讓損益曲線 V 型反轉。

但這是嚴重錯誤的心態，如同前面所說，要破產只需一次 100%，你可能沒有足夠資本撐到機率站在你這邊的時候。提醒大家，千萬不要跟命運賭，它有時間與次數等優勢，而你沒有。

跟機率有關的偏誤還有一個，稱之為熱手謬誤（hot hand fallacy），這個認知偏誤則是因為事件發生了很多次後，所以認為很有可能再次發生，跟賭徒偏誤剛好相反。知名的例子像是籃球員投球時的「手感」，籃球比賽中球員認為有「熱手」的現象發生，使運動員有更高的機率進球。而相對應的，一直連續投不進則是「冷手」的象徵。

賭徒謬誤是一種錯誤的機率均值回歸心態，而熱手、冷手謬誤則是誤以為事情有連續性，老婆擔心我在七連虧後影響心情，特別關心我，「不要讓過去影響到今天的你」，這個舉動就是在提醒我別被「冷手」給影響。

正常的交易者，應該要把每一天的交易視為**獨立的事件**。當然，前面的資本減少勢必會對於今天的資金控管有影響，但不該認為連續賺、賠後跟今天的交易有什麼關聯。所以大家在行情不好時也別失去信心，只要心理狀態穩定住，再加上正確

的交易邏輯與資金控管，時間會給你答案的。

如果這個答案真的十分不如預期，那就要嘗試接納交易的結果，並思考自己的交易知識與心理素質還有哪裡不足，開始學習改進，這才是真正提升交易實力的方法，而非持續在市場中盲目拚搏豪賭！

交易成敗的歸因，影響你的交易心理

許多人都聽過交易應該要「賺該賺的錢，賠該賠的錢」。但你知道背後的心理機制是什麼嗎？

「歸因」！歸因可以分為內在歸因及外在歸因。內在歸因，指的是「把交易的損益歸因成自己造成的」；外在歸因，則是把「交易的損益歸因於市場、交易對手等外在條件」。

心理學家朱利安・羅特（Julian Rotter）提出「內外控特質」的概念，他將人們對於控制的信念分為兩種：

一種是內在控制信念（簡稱內控信念），也就是認為自身可以控制一切，對事傾向做內在歸因，會在自己失敗或成功時負起責任。他們認為，失敗源自於自身缺乏能力、洞察力或努力，不認為失敗的因素是源自他人或環境。

另一種是外在控制信念（簡稱外控信念），也就是認為他人與外在環境可以控制一切，比較傾向做外在歸因，認為接受

命運以外的選擇並不多。這類特質較多的人，不會有太多自己獨特的想法。他們相信有些事是自己完全無法控制的，應該順應外在的環境與法則。

控制信念這種特質和許多人格特質相同，並不是非黑即白，而比較近似於光譜。雖然有些人只具有內部信念、有些人只具有外部信念，但一般人通常是兩者都有，看偏向哪一邊。

極端的內控與外控人格特質，對於交易都不是好事，太過於內控，你會容易把交易的錯都歸咎在自己身上，忽略市場的不確定性、低估機率，容易打擊自己的信心。

太過於外控，你就容易把交易的錯怪給市場，高估市場的針對性，不會去檢討自己，沒辦法進步。

最好的狀況是要取得一個平衡，你才能夠針對交易的結果做合適的歸因，讓該自我檢討的時候，好好檢討，增加交易訓練的成效，並讓運氣不好的時候，歸因於外在，不會過度打擊交易信心。

賺錢都是因為自己很厲害、天生神力少年股神，賠錢時都是「別人害我的」、「主力狙擊我」等非理性信念，這些自我信念是不是很熟悉呢？「賺錢我最行，賠錢我倒楣」，這就是投資人常見的歸因偏誤，也稱作自利性偏誤（self-serving bias），把賺錢歸因於自己的聰明才智，賠錢歸因於時不我與、環境太差。

你的交易能力沒有成長，通常跟你「無法正確歸因」有關。有些人習慣內在歸因，僅用成果來認同自己，不管行情好壞，只要虧錢就認為是自己很糟，不顧外在環境可能本就不利，結果把自己的心態給擊垮了。而有些人則只會外在歸因，認為要找到市場內線才能賺錢，如果虧錢就是被主力針對，鮮少檢討自己發生什麼問題（亂做單、不停損）。上述兩種極端偏頗的歸因方式，都不是理想的交易心理。

　　說回「賺該賺的錢，賠該賠的錢」這句有哲理的話，交易時要先能正確歸因，才有辦法做一致性的交易檢討，辨別出是自己的問題（沒有執行交易計畫、資金管理），還是市場的問題（總體經濟、系統性風險），也才能知道哪些錢該賺，哪些錢該賠。

　　大多數交易贏家會對交易的過程與結果，妥善進行不同的歸因，當今天因系統性風險（天然災害、政權更替等）虧損時，他們會意識到這不是屬於他們的問題（外部歸因），不會讓不順遂的結果影響到自己的交易信心；而當今天因為自己情緒失控、分析資訊的確認偏誤而虧錢時，他們也不會歸咎市場、責備運氣，而是確實地檢討自己哪裡能做得更好（內部歸因）。

　　當你能準確區分市場給你的交易刺激來自什麼原因後，你就已邁開成為一名交易贏家的腳步，因為你能透過正確歸因累積交易信心，並務實改善自己的交易技巧。

CHAPTER 06

你以為處理的是交易，
但其實是情緒

　　市面上大多的交易書籍、課程，都不斷強調管理交易的重要性，這其中包含了策略、訊號及資金等面向，然而較少有完整章節介紹情緒的管理，或者往往只以短短一句「注意心魔、保持情緒穩定」帶過。

　　實際上，情緒對交易的成敗占有一定影響性。在投資學習資訊氾濫的時代，我們已不太缺乏交易資訊，但我們的情緒管理能力卻逐漸下滑，容易因為虧損而不耐煩，也會因情緒失控而衝動下單，甚至想用交易證明自己而亂放大槓桿。這樣的行為，通常與交易贏家背道而馳。

情緒，交易的警報器與雙面刃

「交易賺錢的道理我都知道，為什麼我做不到？」這句話，我很常在粉專私訊或一對一的交易心理諮詢中聽到。

我覺得這個問題的成因，是攸關投資與交易能否賺錢、不再大賠，一個很重要的關鍵。

「情緒。」

你認識你的情緒嗎？能夠接納你的情緒嗎？知道如何調節、釋放你的情緒嗎？如果上面的問題你都不太確定，那你的交易問題，很有可能就來自你的情緒。

市面上有非常多教你如何交易的課程、影片及文章，許多人在知識面上也都很豐富，不過到了交易現場，卻彷彿瞬間失憶，讓「強烈的情緒」操控你的下單。

我自己印象最深刻的情緒反應，是很久以前借了一筆數十萬的貸款，興致沖沖地想在市場裡扳回一城，於是一開盤就把部位嘩啦啦地打進市場，9點多進場下單，然後緊盯損益，全身緊繃。

當帳面有獲利時，我一方面心情會跟著高昂一些，一方面又因太害怕再度虧損、得再經歷沒錢的痛苦情緒，才漲一點點就開始想要出場；而當帳面虧損時，我會想要再補資金到價格的低點，把成本平均回來，接著又更加緊張地盯著盤面，祈禱

價格回升，只要能夠不賠就好。

　　不論什麼情況，當下我根本都忘記原本學的交易理論是什麼，只希望**不要讓我心裡那麼難受就好**。雖然初入市場，但那時的我金融知識懂得也不算少，只是在交易心理與情緒的控管上，是扎扎實實的韭菜。

　　很多次交易都是如此，每次都說要改，但計畫總是被情緒給搞亂。有些人會想：「那我不要有情緒，不就沒事了。」但理想很豐滿，現實卻很骨感，情緒是我們長久以來內建的警報器，我們以為的「壓抑情緒、不要有情緒」，只是把它埋起來，變成一顆未爆彈。而當你的情緒警報器失效，另外一種問題就出現了：「無感凹單」。

　　因為你不想面對你的情緒，覺得有負面情緒是件痛苦的事，所以你對恐懼、難過這些負面情緒，漸漸麻痺了。這反映在交易行為上就是「盲目凹單」，覺得我再放久一點，反正到時候賺回來就沒事了，一點也不用擔心。

　　久而久之，你會對帳面上的虧損沒有感覺，因為你選擇忽略這個情緒，但實質上這個虧損對你來說，是會影響生活的。例如原本你看到虧損 5 萬會很擔心、害怕、恐懼，為了不要再讓這感受干擾你，所以選擇壓抑，忽視賠錢的情緒感受。時間一久，你對 5 萬的虧損就會視而不見，等到你意識到實質上、情緒感受上（更高閾值）的嚴重不舒服時，帳面上可能已經虧

50 萬了。

為了改善這些狀況，你要先學會自我評估。

精神科醫師暨專業操盤手理察·彼得森（Richard L. Peterson）在其著作《交易心態原理》（*Inside the Investor's Brain*）中提到，想成為巴菲特這樣的贏家，首先你得要知道「你的策略與損益波動管理」，接下來你要學會「自我評估」。巴菲特除了投資的眼光外，最令我佩服的就是他的穩定投資心態，在他的位置，勢必能收到許多鍍金的精華投資訊息，但他卻「有許多的耐心、不被躁進情緒干擾」，靜待題材與財報發酵。

要怎麼自我評估呢？你要知道自己的致命心理缺陷是什麼，把容易失控的部分、容易陷入的心理陷阱找出來。比如你比較沒有耐心、容易急功近利，那麼逼自己做長期投資或指數投資，很可能在資產翻正之前，就已被價格的波動洗出場。

以我為例，我的心理缺陷是缺少自信、自我懷疑，所以做逆勢交易及長線投資時很容易失敗，無法有信心續抱我的部位，因此我評估自己更適合短線順勢操作。

《交易心態原理》裡也提到：「**心理狀態的正面改變、心智訓練及身體健康可以提高成功決策的機率。**」我個人認為，心理狀態穩定情況下，不只好決策的出現機率提升，決策後的執行力也會上升，較不會出現「看到訊號卻因情緒干擾而不敢下單」的情況。

最後，你得把心力（認知資源）放在決策與操作過程，假如你把錢當成唯一的目標，會很容易在盤中因為虧損而感到「低自尊」，這個負面感受會迫使你產生非理性交易行為（例如凹單、不停損），只為了讓你降低情緒上的不適。

憂鬱，交易者最可怕的敵人之一

傳奇交易人傑西．李佛摩曾說過：「我的人生是場失敗。」

李佛摩雖然是一代交易傳奇，卻也難敵憂鬱症的魔爪。如果要問專職、兼職交易有什麼職業傷害，「憂鬱」絕對名列前茅。交易低潮，幾乎是每個投資人都會經歷的，不論是遭受數十萬、數百萬的慘賠，或是投資失利而毀掉生活（分手、離婚、失業等），都是可怕到會導致憂鬱的情境。

我以前大賠後沒錢時，好長一段時間不敢跟同事、朋友聚餐，幾乎三餐都吃軍中團膳，也害怕出門，因為一出門就要花錢；對自己也沒有自信，覺得人生好像差不多這樣了，陷入一種接近憂鬱的狀態中。

為什麼投資失利的復原路這麼困難？

因為爬起來的過程，除了要賺錢，還得修復崩潰的自信心，克服時不時出現的憂鬱情緒。而更多時候，這種狀態更像是一種標籤。

「他心情看起來很不好，是不是憂鬱症啊」、「我賠到受不了，該不會有憂鬱症吧」，通常只要有持續性的負面想法，大多數人會把自己的念頭解讀為憂鬱症。實際上程度輕一點的可能只是一種情緒狀態，若嚴重到影響日常生活、行為乃至心理模式，才會被視為心理疾患；而依狀況不同，又可能分為躁鬱症、重鬱症、季節性憂鬱症等等。

　　當我們老是想把交易想得更透徹、或想得太過複雜，以至於完全陷入其中時，可能會被過程中引起的負面情緒壓垮，使自己無法招架住一波又一波的自我批判海嘯，沒有足夠的勇氣再面對生活與交易。要想克服交易的憂鬱，首先得擺脫自我評價的深淵，停止責備自己及陷入無止盡的非理性思考中。

　　最重要的是，要對自己的憂鬱有所認識，如果情況持續一段時間，或是嚴重影響生活時，也建議直接找所在地的心理諮商所、醫院身心科或身心科診所，他們會協助你做更好的心理照顧。千萬不要對憂鬱症等閒視之，癱瘓掉自己的生活。

不痛苦，才能做得久

　　以近幾年的走勢來看，臺股算是漲多拉回，但看著加權指數幾番跌破低點，也讓許多人吃不下飯、睡不著覺，失去看盤的勇氣及持股的信心。

雖說交易賺錢需要逆人性、反市場，也得忍受價格波動帶來的不舒服，但過多的心理折磨換來的不是獲利，而是放棄。前文提到過，人的心智資源有限，如果你一直用「意志力」克服交易痛苦，當心理彈性及大腦煞車系統都被虧損折磨殆盡，決策能力跟著失靈，隨之而來的就是爆倉及超額虧損了。

那要如何減緩交易痛苦對決策的影響呢？「做符合個性（心理）的交易！」你可以趁著回檔的機會，對交易策略、交易計畫及風險承受度，做適當的「壓力測試」。測試資金管理及交易框架等，是否會因為行情擾亂心理後失控，使你投資週期錯亂、亂下部位，原本想做的小波段虧錢就想改成長期投資，或者價值投資進場卻馬上因恐慌而殺出。雖然行情很折磨，但挫折才能讓你看見不足。經過測試、檢討與調整後，你就能制定出適合的長久交易方式。

但是，交易太舒服也不行！

你可能會想：「鮪爸，你把我搞得好混亂啊！交易到底是要痛苦，還是要舒服啊？」其實拿捏心理平衡是交易的一項重大考驗，我們以過早賣出獲利部位為例，當你進場後拿到一點「小獲利」，代表交易策略可能是正確的。

此時，遭遇一些小回檔，你的獲利正一點一滴吐出來，這時你可能開始冒汗、緊張，甚至發抖，滿腦子都在天人交戰：「我是不是該賣了!?」此時你的注意力早就遠離了客觀的盤面

數據，只想讓不舒服的情緒與感覺趕快消失，讓獲利落袋為安，釋放所有負面情緒。

平倉，呼！鬆了一口氣，今天獲利了！看吧！我是個會交易的人！但過不久你才發現，那部位若留著能多賺好多錢，自己這是被軋空手（洗出場）了！你用潛在的獲利換到心理短暫的舒坦，可實際上你並沒有按照原本的交易計畫來執行。

《心理學博士的深度交易課》說得很好：「**交易者的行動，純粹為了調節他的內在狀態**」、「**這一切的背後所涉及的，不是交易，而是與情緒的搏鬥**」。如同我在粉絲專頁裡不斷強調的，當你的交易策略、資訊優勢達到一定水準時，接下來能否獲利，就是執行力與心理素質的問題了。

當你習慣錯誤的交易行為模式後，會產生強烈的制約，每當刺激觸發（對獲利回吐的恐懼）時，你就會違背交易計畫，錯失機會。這要如何解決呢？最好的方式就是「檢討交易」！

我常在交易結束後把明細調出來看，幾點幾分進場、出場，跟原本的交易計畫是否吻合，沒有吻合的原因是什麼？如果原因是外部因素（重大政策、總體經濟等），就可以不歸類在自己的心理錯誤，但如果行情照著計畫走，自己卻沒有如預劃執行，就要探討發生了什麼事。

檢討久了，一定能發現哪個心理環節出問題，這時再找有經驗的人諮詢，通常問題就能獲得改善。千萬別只為了讓自己

一時心裡舒坦，而做出後悔許久的決定。

克服恐懼，有助順利交易

許多人都會遇到一個常見的交易瓶頸：「學了很多交易方法，為什麼交易狀況還是沒改善？」不論長線或是短線交易，幾乎都會碰到這個關卡，我認為無法突破的原因在於「無法克服恐懼」。

交易不只有技術問題，還有「執行」問題。

恐懼是一種非常強烈的負面情緒，這個負能量的來源很多元，有可能是你的早年創傷經驗（例如霸凌、被羞辱），也有可能是你不久前才經歷一次永生難忘的大賠，讓你變成驚弓之鳥，一點小刺激就嚇到不行。只要決策時被恐懼情緒干擾，你很容易就會把注意力集中在「如何逃離當下的情境」。

例如買進 100 元的 A 股票，停損點設定在 95 元，盤中跌到 97 元，後來又反彈回到 100 元時，你就會想要趕快賣出，深怕再經歷一次 100 元到 97 元的虐心歷程，於是你也把當初進場設定的停損、停利點拋在腦後。

最後結果常會是：你沒有在 95 元停損，也錯過了 A 股漲到 120 元的行情。

出脫部位是最舒服的做法，因為不用再面對恐懼的凌遲與

煎熬，但也會讓你做出許多錯誤的決策，並錯過獲利的機會。如果你有類似的心理困擾，這篇文章跟你分享克服恐懼的三個方法：

一、懂得自我覺察，辨識恐懼

有時候你會莫名其妙決定停損，你需要知道為什麼，是什麼情緒驅使你這樣做。如果你沒辦法辨識你的恐懼，任由恐懼感驅使你做交易，就會一直呈現交易計畫跟交易行為不符的狀況，因為你已被恐懼支配。

如果你想辨識恐懼從哪邊來，可以利用當日的交易檢討，馬上來澄清自己的想法，除此之外，你也要練習覺察自己的情緒，探索自己的過往，釐清你不同認知的來源與脈絡。

二、學習適應恐懼，讓你對恐懼減敏感

當你辨識出恐懼後，你應該想辦法不斷提高能夠適應的恐懼強度，而不是選擇想要刪除它。恐懼是人的本能保護機制，很難直接從你的大腦中刪除，但你能夠訓練自己適應恐懼。

如同知名交易前輩自由人所說，「賠過 100 萬，你就知道怎麼賺 300 萬」，因為賠過的錢變大了，並習慣這個程度的損益波動後，你對賠錢恐懼的心理閾值（觸發恐懼的臨界點）就會提高。

所以理想的資金規模應該是階梯狀的上升，你的心理才能不斷適應越來越大的部位，避免過大的損益波動，造成你無法負荷的恐懼與刺激。

三、增加個人自我效能感

自我效能感（self-efficacy）是指「個人對自己具有充分能力可以完成某事的信念」。自我效能感高的人，較不容易有沮喪情緒，也有助於促進個人成就，降低壓力帶來的傷害。反之，自我效能感低的人，面對困難任務容易懷疑自身能力，優先考量的是自己的缺點與即將面臨的阻礙，而非思考能夠克服或成功的方法。」

心理學家亞伯特‧班度拉（Albert Bandura）指出了四個影響自我效能感的因素：

• 過往成功經驗參照：以往對於類似的任務有過成功經驗。
• 他人的經驗參考：看見相似他人曾有成功經驗。
• 社會（他人）說服：別人認為你很成功。
• 生理訊號回饋：發現自己投注了大量時間和精神在活動中。

自我效能感能夠強化我們對交易的信心，提高你面對恐懼時的反應能力。而要想培養自我效能，主要可藉由「過往成

功的交易經驗」，或「觀察他人的成功歷程」，當你逐步累積一些小的成功經驗，不會被特定的盤型干擾，久而久之就能累積起自我效能感。

如果你想更快速提升，建議你採用「刻意練習」或是「找交易教練」，針對特定的恐懼與反應行為做練習，降低你對恐懼刺激的錯誤反應，增加有助交易的自我認知。

看完如何克服恐懼的方法後，你應該就知道為什麼「努力練習交易卻不一定成功」，因為有些心理困擾需要有方法才能克服，要先辨識恐懼的出現與來源，並透過提升自我效能等心理素質來因應。

當你再次發現自己的交易行為失控時，先別急著責怪自己，嘗試把恐懼的源頭找出，你也能跟不好的交易行為告別、克服恐懼，並建立強大的交易信心！

用正念改善情緒，提高交易表現

看完前面的論述，你會發現處理情緒的過程中，對情緒太過重視或忽視，都不是好事，那我們該透過什麼方式，好好地調整情緒呢？

那就是正念（mindfulness）。正念常被誤解為正向思考，

但其實兩者並不相同。正念指的是專注在每個當下發生的事，包括環境刺激、情緒感受等等，有意識地去覺察這些事情。

《心理學博士的深度交易課》書中就提到四個透過正念改善交易表現的方法：

一、增加注意力調節的能力

在交易的過程中，我們常會受到情緒的干擾，並且把注意力轉移到我們的內在：「帳面上賠了那麼多，該怎麼辦？做得這麼差，我還有資格再交易嗎？」

比起監控盤中的交易數據，我們因為注意力被分散導致失焦，只在意內心的負面情緒與感受，無暇再針對客觀資訊做決策。

所以我們要練習調整自己的注意力，訓練自己不會在交易的時候，一直把注意力聚焦在負面情緒的感受上，而是轉移回監控盤面的交易數據上。

二、提升身體感覺與情緒

雖然身體是我們自己的，但我們卻對自己的感覺與情緒很遲鈍，所以我們要常常有意識地思考、覺察當下的情緒、認知以及感受生理上的變化。例如在交易盤中或投資下單時，肩膀是否會僵硬、全身緊繃冒汗？內心的自卑想法，是否又不斷

浮現，干擾你的交易信心？

　　當你已經習慣這些感覺的來來去去，你會發現這些情緒都只會短暫停留，並在你接納、允許它存在後漸漸淡化，對你的干擾也不再那麼強烈。

三、強化情緒調節（emotion regulation）

　　太常壓抑情緒，對情緒的收放就會失去彈性，反而容易在情緒爆發時被牽著走。但當你可以做到覺察情緒、接納情緒的時候，即使盤中遭遇虧損，你也有能力選擇不責怪自己，讓自己即使難過也不會過度自責。

　　允許自己做錯事，同時知道自己有能力把狀況控制住，不會讓它發展得更糟，這樣適時紓解情緒後，也就不會出現報復性凹單了。

四、觀點改變

　　這個方法要回歸到「交易對你的意義是什麼？」當你交易是為了要賺錢、證明自己及擺脫自卑時，虧損和失誤容易讓你產生強烈的情緒。

　　這些情緒會使你一再想像「自己好像沒那麼好、自己好像沒能力達成某些理想」，如果你想要根本性地調整這個狀況，得要從觀點改變開始。

當你放下「用交易證明自己、投資獲利才可能有好生活」的念頭時，才不會再從交易的損益中，感受到那麼大的情緒波動干擾。

說到底，為什麼在交易過程中的等待會那麼辛苦、折磨投資人的心智？就是因為它會逼我們不斷檢視「自己的情緒」，而非交易的資訊。

交易過程中的等待時間，除了有一連串的交易決策組成，更重要的是無時無刻出現的內心自我對話。**自我對話失利的那一刻，就是交易失敗的前一刻。** 為了不要因無法克服情緒難關而虧損，我們在交易的過程中，也需要了解如何跟自己的情緒相處、面對情緒的干擾並覺察情緒，才能鍛鍊出強而有力的交易心理素質。

投資心理室 Podcast

交易中的恐懼該如何克服？（feat. 陳家正諮商心理師）

本集會告訴你：克服恐懼的 3 個方法，包括「懂得自我覺察，辨識恐懼」、「學習適應恐懼，讓你對恐懼減敏感」、「增加個人自我效能感」

◆ 網址→ https://pse.is/4xpc5a

CHAPTER 07

「明牌」和「內線」，
宛若海妖的歌聲

　　希臘神話中，墨西那海峽附近住著名為賽蓮的海妖，她們
會用迷人的歌聲誘惑航行經過的水手們，使他們的船觸礁而死
亡，偉大的戰士奧德修斯為了安全渡過這片海域，他讓手下船
員用白蠟封住耳朵，自己則叫船員把他綁在船桅上，最終平安
渡過這個眾人聞風喪膽的可怕海域。

　　這個海妖歌聲的誘惑，跟我們投資被「明牌」和「內線」
誘惑的過程很像，沒有經驗的一般投資人、韭菜散戶常常希望
可以求得投資明牌，或打聽獨家的內線消息，希望藉此可以賺
到一筆可觀的財富，但下場往往賠到後悔莫及。我們的確需要
像奧德修斯與他的夥伴一樣，把耳朵搗起來、手綁起來，才有
辦法理性地在市場中做交易。

可以跟我說，買什麼會賺嗎？

「可以跟我說，買什麼會賺嗎？」是周遭知道我會投資的親友，見面時常會問我的一句話，每次聽到這句話我都有點尷尬及無奈。不說些什麼，好像有點不通情達理，可是真的跟對方說了些投資訊息後，還得擔負起建議投資的責任，但對方跟我的**風險屬性與投資習慣**卻完全不相同。

「內線資訊」一直是股民口中的神祕力量，我在一些投資群組跟網站也常看到、聽到「有新聞說某公司主力要拉××股票」、「在○○公司的朋友說下半年產能滿載」等等。但這些「聽說」來的消息往往準確率不高，而且就算正確，投資人似乎也無法正確應對。

你以為的內線，可能是「已經過好幾手的垃圾資訊」。我認為比較正確的心態是，心中可以「有一個預判的劇本及因應作為」，例如美國要升息 3 碼或 4 碼，你都知道做什麼相對應的操作（避險、平倉或加碼等）。畢竟我們交易的是「機率」，而不是「一定」。如果有人交易的是「一定」，那可能就不是交易能力的問題了，而是取得資訊手段的問題。

不斷地尋求建議、確定感是沒有安全感或自信的徵兆，開始經營交易心理的粉絲專頁後，發現尋求心理輔導跟交易諮詢有許多相似點。

心理輔導時，個案常會問：「我該怎麼做才好？」交易心理諮詢時，來談者會問：「這檔股票可不可以賣？」或是心理輔導的個案問：「我工作壓力好大怎麼辦？該不該離職？」而交易諮詢則會聽到：「虧損到心情好糟怎麼辦？我還適合繼續做交易嗎？」

　　幫個案心理輔導時，常遇到個案尋求「建議」，個案來的期待常是一個「馬上改善」的特效藥，但受過訓練的助人工作者，「不能隨便給建議」，因為這個建議，是輔導者自己的答案，不是個案的，輔導者提出的建議，未必會適合個案，也容易影響到個案的自主思考與覺察。

　　所以在心理輔導的當下，我們會透過傾聽、引導等技巧，幫助個案探索自己，釐清困擾的心理議題，並看見個案的勇氣與特點，透過賦能（empower），讓個案能自己應付生活與心理難題，學會為自己負責。

　　而交易心理諮詢這件事，歷程也類似如此，來談者時常劈頭第一句話就是：「幫我看看這支股票可以買（賣）嗎？」或是「可以跟我說哪隻會賺嗎？」這跟想直接尋求建議的個案十分雷同。但就算我給出了交易的答案，因為週期、研究邏輯及停損停利等均不同，當我獲利時，他可能是虧損，這時候，就會把責任歸咎在我身上，如同無法為自己負責的個案一樣，就會不斷陷入相同的心緒、交易困擾中。

點出交易諮詢與心理輔導的相似處，是希望提醒讀者，不要過度依賴別人的交易建議，因為你不瞭解對方的歷程與脈絡，儘管他會大賺，但不見得適合你。「╳╳股票你覺得現在可以買（賣）嗎？」如果你仍會對他人詢問這樣的問題，可以試著回頭自我省思：「我真的有足夠的交易信心嗎？」「為什麼需要別人來為我的交易做決策呢？」

　　其實交易市場中的投資人會出現這樣的疑惑是很正常的，盲目地「從眾」可以使我們不會感到焦慮，也能夠分散自己需要承擔的責任。

　　為什麼我們投資時會習慣性「從眾」？因為「從眾非常地舒服」！只要跟單、跟著特定的老師或親友操作，就能順理成章把賠錢的責任分散到他們身上，自己不用承擔過多的責任而產生痛苦，追隨大眾的投資行為，也會讓投資人不用思考、感到舒服。當然一部分不想承擔交易責任的原因，來自於「沒有交易信心」，因為對交易行為沒有足夠的「控制感」，導致想要從眾、崇拜別人的交易內容。

你也被主力狙擊了嗎？

　　「我今天一進場就被主力針對」、「為什麼外資老是跟我唱反調」，這些話你熟悉嗎？

很多人會覺得自己在交易的時候被主力針對，好像一買進行情就下跌、一賣出就會上漲，屢試不爽。但事實上，你如果只是一個交易資本很小的散戶，資金大的市場主力根本不會知道你是誰。

那麼，為什麼你會一直有被針對的感受呢？

許多交易上的問題，都跟交易心理有關，這個常感到被主力針對的問題也不例外。實際上，之前提到許多的認知偏誤、心理困擾，都是一般散戶會遇到的，與其說一直被主力針對，不如說，自己一直都沒有修正掉不好的交易心理、交易習慣。

市場價格方向，會往一個共識的方向前進，主力如果能夠影響價格，也只能影響一小段的價格，但他能夠迷惑你的地方，也就這一小段價格。或者，它們利用財經媒體，渲染一個故事，對你的內心產生一些潛移默化的影響，最後變成你交易的預測立場，只要往這個預設立場做就可以。

以順勢交易策略來舉例，為什麼在一個合理的價格區間內，股價上漲後，散戶就不太敢追，因為一般投資人的內心預測是偏向「均值回歸」（賭徒偏誤的逆勢策略），要等到實際上經歷過好幾次的錯過與後悔摧殘，最後演變成進場追高（追太高）、殺低（殺太低）。

與其說主力狙擊你，實際上應該是，主力的交易員已經歷

過較多人性的洗禮與淬鍊，所以能在關鍵的交易行為中，採用逆人性、不被情緒干擾的方式從事交易。

例如 2022 年 8 月開始成交量越來越低迷，大約都在 2000 億上下，對於我這種較看重短線動能的順勢交易者來說，相對蠻辛苦的。所以有時候一開盤看到預估量不到 2000 億，等個 15 分鐘狀況沒改善，可能就只看不做，或是做很小的部位，大多是小賺小賠，沒什麼獲利進展。

不過報價開著，放在那裡，就會一直吸引你做交易，難免有些「妖股」的波動比較大，但價格型態你可能看不懂或不熟悉的，一直招手跟你說：「來呀！來呀！來交易我吧！」如同本篇一開始提到的海妖歌聲。當你好幾天都悶悶的，小虧損、沒交易的狀況時，很容易會被吸引進去，結果真的被掌握較多籌碼的主力狙擊。

通常股本小的妖股，在成交量少、流動性緊縮的情況下，被大資金操控的機率會變高，或造成自己砍自己部位價格的狀況。所以那陣子低迷的行情也讓我很有感觸：「沒行情，也是你交易生涯中很大、很重要的一部分。」要耐得住「嫉妒別人」、耐得住「孤獨」，更重要的是，能耐得住「沒賺錢」。

把錢槓桿賠光再拍拍屁股走人還算容易，但要忍著沒賺錢並縮小部位，我覺得更困難；因為前者是賭博，後者是覺悟與韌性。投資人務必要清楚自己當下的心理狀態為何，才不會都

認為是市場主力在針對你，而無法改善自己的交易狀況。

市場充斥假消息，至少還有這些事情是真的

2022 年為了 FED 升息的問題，一堆猜測眾說紛紜、多空方就持續交戰，一些重要的利息開會結束後，大家才能放下心中大石頭，賺該賺的錢，賠該賠的錢。

對於市場上真真假假的消息，想分享一些交易想法，這些想法是我在市場交易多年的「心得」，會聚焦在市場的價量與波動循環，不過其中一些還是跟心理有關。過去還是新手的時候，很喜歡找各式各樣的指標，財經新聞、KD、大戶籌碼、財務指標篩選等等，但結果都不太好，也有可能學得不精。

隨著交易經驗、挫折越來越豐富，才發現「越基本的東西才是交易的核心」。

為什麼說越基本的東西越重要呢？某次看完資深交易者自由人講交易的影片有所領悟，他說「交易就是你軋我、我軋你」，越熟悉交易後，我發現的確如此，大錢軋小錢、樂觀錢軋悲觀錢，小錢再偷大錢、悲觀錢再殺樂觀錢，很多東西都是假的，只有錢（價格）是真的。

用錢打出來的交易明細，用錢軋出來的飆漲走勢，用錢殺下去的恐慌行情，不管新聞喊得震天巨響，或是委買委賣

掛得嚇嚇叫，錢打進去、價格跑出來，才算數。雖然錢很單純，但交易很久之後，我才體悟到「不要預測行情」這個最簡單的道理。

當看到錢打出來的「成交量」跟「價格」後，「你做什麼反應操作、評價」才是重要的，你內心可以有不同行情的因應劇本，但不用整天預想與猜測後勢多空。

為什麼不要想多空？

因為多重的時間架構（不同的交易週期）裡，現在的多就是未來的空，現在的空就是未來的多，這就衍生到「波動的循環」，因為波動率的均值回歸特性，再高昂或是谷底的價格走勢，最終都會遇到波動的回歸。

這並不代表漲高就會跌，因為它可能漲高後、漲更高；殺低後，殺更低，漲高、跌深其實意味著是波動均值回歸的機率更高，所以你其實是在交易一種「機率分布」，並且用你的錢（資金控管）給他「評價」，這個評價跟機率分布的結合，就是你認定的期望值。

一般投資人比較喜歡舒服的逆勢高賣低買，這也的確是賺錢的本質沒錯，但什麼是高低點？我認為「動能的竭盡」才是高低點。那動能怎麼評估？又回到「錢」（成交量）的觀察，當你學習到如何觀察動能、金錢流向還有波動後，再加上正確的對應操作，持續重複就能夠在市場上獲利。

另外，從我擅長的心理觀點來看，市場的波動循環、錢的流向還是回歸心理層面，這也許是個雞生蛋、蛋生雞的問題，但不可否認，市場的心理的確影響價格的走勢，從低檔的恐懼，過程的期待，再到高檔的貪婪，千百年不變的人性就不斷地重複著。如同華爾街傳奇李佛摩所說：「華爾街上沒有新鮮事，因為人性永遠不會改變。」

買進時，要思考對手為什麼要賣給你；賣出時，也得思考為什麼對手要買進。此外，你也要思考交易當下是否有心理優勢（你內心平靜、對方內心緊張），若承受不住恐懼，通常就是你會虧損的原因。你不了解對交易的期待，更無法覺察到自己的貪婪，這都源於你交易中時時刻刻的心理議題與狀態。

贏家之所以能夠獲利，因為他們了解自己要什麼、害怕什麼及渴望什麼，此外，他們更了解你的這些心理狀態，這就是市場贏家能夠獲利的原因，這些人不見得學富五車，但對人生體悟一定很深。

所以，**交易的聖盃就是**：「找到錢、找到波動，最後找到你自己。」

放棄求明牌，學習為投資成敗負責

2022 年市場開始大跌的時候，許多社群媒體上的財經網

紅、意見領袖因此被究責、數落，似乎大家會賠錢都是他們的錯。這讓我想到，投資與交易的過程中，「學會為自己的損益負責」蠻重要的。**負責**，是你交易能夠進步的主要動力。

如果你一味尋求明牌或別人口中「只賺不賠」的策略，那只是逃避自身能力不足、不想承擔責任而產生的行為罷了；花越多時間做這無謂的事，就越少有時間能讓自己進步。當你看到別人分享財經資訊時，你要具備足夠能力判斷，知道哪些是不好的資訊，哪些是好的資訊，吸收對方的分析方式，創建出自己的交易系統與邏輯。

你可能會納悶：「如果我有能力分辨這些財經資訊，我還需要跟著別人做投資嗎？」如果是這樣，你就更不能夠把結果怪罪在別人身上，因為這是你的選擇，只是怪別人，會讓你心裡舒服一點，「不會讓你自責難受」。不能為自己的投資結果負責，也會跟你的生活有關，往往不能為投資結果負責的人，在生活中可能也無法為自己的工作、家庭及人生負責。

「成功是自己眼光好，失敗都是別人拖累。」抱持這樣的信念，時間一久，你會越來越無法為自己負責，害怕自己的交易決策經不起考驗，到最後命運只能交付在別人手上。想擺脫到處打聽明牌的投資生活，可以從為自己的投資與人生負責做起，一旦開始負責，你會發現，自己每天都想再多進步一點，交易信心也會逐漸成長。

過往投資、交易跌跌撞撞到滿身是傷的時候，我看到好的交易策略就想買、不錯的書就馬上訂，甚至想開始自學程式搞程式交易，想說都弄到電腦上跑，總沒問題了吧！搞了一大圈，什麼都學不好，做一個就失敗一個，我都不曉得自己到底在追求什麼，直到不斷自我對話、檢討，認清自己的心理狀態與目標，還有那些不切實際的期待（證明自己、扛起家），才願意放下一切，扎扎實實地學基本功。

其實交易技巧都如上課的老師和分享的大神們所說，看財報的看財報，追籌碼的追籌碼，畫支撐壓力的畫支撐壓力，你只要不斷從錯誤中檢討，檢討 1 筆、10 筆、100 筆……再持續1 個禮拜、1 個月、1 年……早晚會發現最適合自己的交易系統。但，這實在太困難也太無聊了！跟想像中的交易完全不一樣！交易不就是要買了幾個月賺 20、30% 嗎？抓到飆股，一波就給他漲快 100% 不就輕鬆下課了嗎？

對於交易投機的真理，德國股神科斯托蘭尼曾說過一句很貼切的話：「**成功的投機者在 100 次投機中，成功 51 次，失敗 49 次，他就靠這差數維生。**」如果你整天只想要求飆股，不知道飆股飆的原因，不了解整體市場和參與者發生了什麼事，不懂得做資金與風險控管，「靠運氣賺的錢，就會靠實力賠回去」。

至於要怎麼撐到做 100 次的投機而不被 49 次的失敗打倒，

這就得看你的心理素質與韌性、交易分析和資金風險管理能力有多高了。

預測成癮，讓你不斷想找內線消息

以前從南部到臺北念國防大學，每次都要搭 4 個小時的客運。上車前，我總會到便利商店買份《工商時報》跟《經濟日報》。它們裡面有些篇幅是介紹每週特色個股，我會把裡頭的個股利基看完後才睡覺補眠。

這個舉動逐漸讓我認為自己好像會投資、會選到不錯的股票，最重要的是，我感覺好像提前知道一些別人不知道的事。所以越來越喜歡透過雜誌、報紙的內容，來預測股票未來的狀況；然而實際上，我對於這些分析方法還有背後的知識，並沒有太多的認識。

我只是喜歡「預測的感覺」。

許多投資人似乎也是如此，喜歡討論著某些股票的故事，帶著滿滿的想像，還有一些新聞帶給我們的訊息，產生一個**自我滿足的預測**。這些預測當然不會讓你穩賺不賠，可是只要有足夠大的獲利，就能讓你對自己的預測沾沾自喜，認為自己對投資很有主宰力！

只是，這些對於內部消息與預測的渴望，都是源自於想要

追求**對未來的控制感**。交易的不確定性令人感到恐懼、焦慮與害怕，有控制感才能讓我們感到安全；殊不知，這種基於預測的控制感其實是危險而盲目的。可是，要承認自己沒有能力預測，這投資好像就做不下去了，怎麼辦呢？

那麼，你可以先試著控制你可以控制的因素：

一、你的期望：

「心理期待」對於交易的情緒有很大的影響，比如期待年化報酬率 10% 和期待月報酬率 10%，兩者之間的交易壓力其實差別很大（實際情況也要看你的風險報酬規劃）。

並不是說追求高報酬不好，但你得控制你的期望，不要離你的能力太遠，不然其中的差距，會讓你容易對交易感到挫折。

二、你的成本：

「省多少錢，就能賺多少錢」，節省的交易成本是你確定能夠賺的錢。我之前交易期貨跟選擇權的時候，聽到有些交易者一口的手續費在行情的 1.5 倍以上，讓我意識到，「交易是有可能輸在起跑點的」。

除了手續費，還有穩定的交易系統，有些券商可能會在快市（交易十分熱絡）的時候當機，或是造成你產生交易的點差，這都是你可以留意的。

三、你的操作程序、行為：

你的行為，是交易中少數你真的能夠控制的東西，你無法準確預測防止崩盤，所以崩盤造成的虧損不是你的問題，但達到你設定的停損點不賣出，絕對就跟你有關。

新手除了要學習交易知識以外，把自己的交易程序建立好是十分重要的，如果你不擅長停損，那就下單後馬上設定 MIT 智慧單（觸價單）；如果你不會選股，那就把篩選條件先建立好，不要讓基本錯誤使你輸在起跑點。

我們交易時，太常追求那些我們無法控制的，於是一次次被不確定性、不可控制感給潑冷水。比起在意那些我們不能控制、預測的事情，把自己能夠控制的事情穩定好是比較重要的，不論是自己的操作行為，或是心理素質。

隨著你對程序越來越熟悉，也放棄追求不可控因素時，你會發現：**除了冷靜等待，在交易與投資的過程中，你能做的事情其實並不多。**

CHAPTER 08

投入的時間，
會等於得到的報酬率嗎？

　　很多人的投資與交易做不好，是因為他們沒有把「時間因素、時間成本及時間焦慮」考量進去，導致投資的週期錯亂（用長線指標交易短線）、苦等沒價值的股票反彈（忽略時間成本的價值）及誤判自己能夠長抱標的（低估自己面對時間焦慮的能力）等等。

你有發現「時間成本」嗎？

　　許多投資人或交易者常會忽略「時間」。時間因素對交易來說之所以重要，主要分成兩個部分：

一、時間對價格的影響（現實因素）

時間跟價格是息息相關的，以上市櫃股票為例（不計特例），一天最大的漲幅、跌幅是 10%，所以你可以推算一定時間內的極端風險上下限。大部分投資人最常犯的投資時間問題就是「時間框架的不一致」。

很常有人以長線的投資框架進場（例如：認定 QE 後的資金潮），卻以短線的交易框架出場（例如：被戰爭等事件影響）。也常有人以中短線的時間框架（賺取產業旺季的波段）進場，但因行情不如預期，就說服自己改採長線的價值投資，導致從紙鈔抱成了壁紙。

另外也有價格動能的問題。當你買進後，發現一直卡在某關卡價，壓回上不去，就要思考是否做「時間停損」，因為時間意味著「機會」。不斷給這檔標的機會上攻，但它卻一直失去機會，就有可能產生轉折，也就是常聽到的「盤久必跌」。

時間對價格的影響性，在選擇權上更是明顯。做賣方可以在價格不變時，賺時間價值；而買方可以在接近結算時，賺取因時間收斂而轉換的波動加速度。由時間對價格的影響來看，你不得不把時間列入交易的考量中。

二、時間對你的影響（心理因素）

時間除了對價格產生影響，也會對你個人產生很大的影

響，最顯著的就是「機會成本」與「時間焦慮」。很多人在持股變爛又大虧損時，就都進入「一張不賣，奇蹟自來」的狀態。假設花了幾年，真的讓你撐回原價解套，你其實已經損失許多好的機會，付出了高昂的時間與機會成本。這正是持股為什麼需要汰弱留強的主因之一。

除了機會成本外，還有一點十分重要，「時間焦慮」。本篇前面主要是談過度「忽略」時間的影響，而時間焦慮談的，則是過度「在意」時間的影響。

很多想靠投資賺額外收入的人會想：「賺錢至少要跟月收入差不多吧！」以後才能靠投資獲利，賺被動收入，所以不知不覺在投資上產生時間焦慮，認為自己要在短時間內就拿到正報酬或高報酬。

這種不切實際的心理預期，正是造成你投資心態與情緒干擾的主因之一，為了快速獲利、強制獲利，你會開始做出一些不符交易計畫的操作，例如過早停利、死不停損及過度槓桿等等。

時間焦慮會逼你每天都要做交易，給你「不做交易，錢就會溜走」的感覺，但實際上的獲利交易是像狙擊手，要靠時間等待，好時機才出手。所以，你在交易時要不斷地把「時間」放在心中，不論是對價格或對你的影響，都要學習覺察。意識時間，才能把握時間。

不用很強才開始，只要比旁邊的快就好

從以前到現在，許多投資新手親友都會問我各式各樣的問題，買哪支股票不錯、聽說投資賺很多，或是可不可以靠投資就不要工作等等。

當我反問他們：「你們開戶、下過單了嗎？」大多新手支支吾吾地跟我說：「因為最近比較忙，想說問你一下再看看……」這讓我想起前台積電董事長張忠謀先生，曾在某次法說會上，回應一個分析師對資本支出的問題。

分析師問：「先進製程越來越花錢，成本反映在哪裡？」張忠謀先生用「熊來了」故事回覆。兩個人在森林裡遇到熊，第一個人拔腿就跑，第二個追在後面問：「終究跑不過熊，何必費力？」第一人說：「我只要跑贏你就好。」他的意思是，雖然資本支出高，但只要台積電的成本管控及效率「領先同行」就好。

回到交易來看，本質上是零和遊戲（先不計手續費及稅金），所以你只要開始努力學習，增加知識、技術及心態，會有較高的機會，比周遭的人還容易獲利。

不論是指數投資、股票及期貨等等，都仰賴你平常用功研究的結晶。你在市場上看到的成功人士，都花了許多心血，不斷自我要求精進，雖然他們能分享成功的心法與技巧，但最終

還得靠你走出最重要的第一步。

所以，想賺錢，千萬別空等著白吃的午餐，投資與交易更是如此。

某次我看到一位年賺千萬到億的專職交易人，在臉書訊息寫到「凌晨兩點才結束看財報的研究」，心裡十分佩服，也突然有種靠交易穩定獲利，得像頂尖運動員付出大量時間練習的相似感。

已故的湖人隊傳奇籃球明星科比‧布萊恩（Kobe Bryant）在記者問他為什麼可以那麼成功時，回應道：「你有見過凌晨四點的洛杉磯嗎？我見過。」（意指很早起來訓練）

「你得很努力，才能看起來毫不費力。」

有些人都以為靠交易獲利，點點滑鼠就可以；也有些人認為運動沒什麼難的，憑什麼頂尖運動員能拿高薪。但事實上，這兩個事業都需要非常多的努力與毅力（意志力），而且有許多相似的地方：

一、需要頻繁且高強度的訓練

我念國防大學心社系心理組時曾參加籃球校隊，每天凌晨天還沒亮就得準備去訓練，要先完成幾千公尺的長跑暖身後，再做許多高強度的間歇訓練及技巧練習。

當時，每天都害怕睡覺，因為大腿很酸，隔天早上不想再

爬起來，想一覺睡到飽。交易也一樣，如果最近行情不好做，虧損偏多，心情也會覺得挫折，但為了保持獲利，每天還是得坐在交易桌前，忍受行情與虧損的煎熬，不厭其煩地研究交易資訊與看盤。

二、忍受無止盡的低潮及孤獨

交易與競賽的低潮會接二連三地來，並不會因為你一度很成功之後，低潮就此從你的生命中消失，而是像海浪一樣，一陣一陣無情地打來。

除了低潮以外，我覺得交易者與運動員都很孤獨，雖然運動員可能會有觀眾、交易員可能會有交易對手，但實際上執行交易與競賽項目的人是你，外部人很難體會跟同理你在做什麼，並給你一定程度的鼓勵與支持。

三、得贏得競爭才有成果

交易與競技運動還有一項十分相似且殘酷的共同點，「努力不一定會有好的回報與結果」。運動員跟交易員一樣，你得贏對手，才有獎金、獲利。沒有贏，你就浪費時間、成本，只剩下滿腹的落寞，還有一些經驗而已。勝者為王、贏家通吃，對交易者與運動員來說，這是殘酷但必要的現實。

想要扭轉失敗的心理衝擊，你得從運動與交易的過程中找尋其他意義，假如你只以「結果導向」來看的話，將會讓你從事這兩項事業時，感到十分挫折。

結合以上三點，其實我不太喜歡人家稱呼成功的交易者或運動員是「天才」，這樣是簡化他們辛勤的努力與奮鬥歷程，對他們來說並不公平，也有點可惜。

最後想分享我在電影《決戰賽末點》（*Borg vs McEnroe*）中，看到網球名將約翰·馬克安諾（John Patrick McEnroe, Jr.）說的一句話：**「哪怕失敗，有人在意我曾經多麼努力也好。」** 你只要開始了，就是一直在累積成功的機會，你遇到的挫折不是徹底的失敗，「只是還沒有成功」，時間一長，你的努力總會有跟成功交集的機會。

別把「有賺就好」掛在嘴邊

常常在很多投資群組、社群看到一句話「有賺就好」。看似對於浪費時間在投資上的合理自我安慰，實際上卻有不適合的「交易心理暗示」。有賺就好，意味著「提早停利」、「幸好沒賠」、「我賺這樣就夠了」……的狀態。

實際上，你可能在為沒做好的投資、交易找理由與藉口，而這樣的自我說服，會「降低你違背交易原則時的罪惡感」，

導致長時間下來，會自毀交易策略與系統，只為了減緩自己的「時間焦慮」，欺騙自己這段時間並不是白白犧牲，而是有換來一些些值得歌功頌德的獲利。

不過，好的交易應該是「賺該賺的錢，賠該賠的錢」，符合你順手的行情來時，你當然要把握機會大賺特賺，遇到逆風盤勢則要盡力控制損失、減少交易，並不是只為了「不賠錢、不花時間」，就草草犧牲交易的一致性。

沒有那種都不會賠錢、不用花時間等待的投資。

「有賺就好」，會暗示你追求不切實際的「勝率」，追逐過高勝率的時候，有可能會破壞你策略的一致性，降低交易的期望值。所以，當你在總結一筆交易的時候，試著別說「有賺就好」，而是可以說「我今天哪裡做得不錯」、「哪裡還有可以再改進的空間」。

如此一來，你才能有健康的「交易心理期待」，不會把心魔越養越大。

以股債配置、長線指數型投資為例，這些是大家普遍認為沒有太多缺點的穩健投資，但為什麼 2022 年經歷一波震盪回檔後，馬上有些人開始對於股債配置沒有信心？為什麼你會堅持不下去做對的事情？

因為「時間成本」對你來說太過沉重，你知道頭尾相減會賺，但你沒辦法評估要用多久的時間達到，這股「時間焦慮」

會讓你沒辦法繼續抱單，也是長線投資最大的敵人之一。

遇到這樣的問題，我們必須往心理的源頭看：「為什麼要急著成功？」是什麼心理因素促使你需要趕快成功呢？我覺得這個會回到自信、自我效能的問題。

當你是個有自信的人時，你比較不會用短期的結果，衡量你長期的表現，以投資的例子為例，如果你手上有個長期部位的配置，預期5年內，可以得到年化報酬率5～10%的表現。

但你現在面對空頭，已經虧損20～30%了，你可能會開始產生焦慮：現在虧20～30%，那不就快要漸漸逼近我5年可以賺的總報酬了嗎？我是不是把5年的時間都浪費掉了？

這些心理的質疑，會讓你忽略掉相對位階（大盤報酬率跟你報酬率的對比、你的資產配置跟純股票投資的對比等等）的問題，而把注意力都放在你的虧損上。

注意力的負面轉移，來自於你的「時間急迫性」，你可能需要在5年累積一筆可觀的資產要結婚、付頭期款等，或是這是你人生的某個里程碑，當你的資金，在空頭當下受到威脅時，這些夢想都轉變成時間上的焦慮與壓力。

更深入地探究：「為什麼我這麼急著要累積資產？」難道現在這個情況沒辦法讓我結婚嗎？我認為自己沒有辦法帶給對方安全感嗎？

想要減輕時間焦慮的方法，跟目標設定有關係，如果你的

目標是今年「一定」要賺大錢（例如「1 年一定要賺 10%、我今年一定要靠投資賺錢好離職」），對你會造成的時間焦慮就會很高。

因為自我意識（你如何認知你自己）會跟「一定」的承諾做連結。

當你在過程中感覺快做不到的時候，這股時間焦慮會讓你感受到負面的自我形象，覺得自己是個糟糕的人。為了擺脫負面的自我評價，你很容易在價格波動、威脅損益的時候，影響你原本正確的策略、投資，這也是為什麼大多數的人做不好投資與交易的主要原因之一。

急著靠交易翻身，反而無法翻身

「為什麼我還不能靠交易賺錢？」「這樣我怎麼趕快全職交易？」「都是……害我不能好好交易」，在交易心理諮詢的過程裡，我常會聽到這類型的懊惱。

身為走過重度交易低潮的人，我很能明白「無法馬上」靠交易翻身，是一件每天都在折磨你的苦難。你深信「從哪裡跌倒，就要從哪裡爬起來」，但躺在地上太久，最後可能會一蹶不振、人生毀滅。

災難化的非理性思考，時常是我們過度害怕的主因，但我

們未必是害怕「交易做不好」，反而是害怕「我不喜歡的人生還得繼續過下去」。

為什麼我要不斷強調「你怎麼生活，就怎麼交易」？

因為你急著在交易市場翻身，很可能是源自你的生活某部分失衡，所以你想靠交易的績效爆發，逆轉痛苦的生活，可能是糟糕的家庭關係、厭惡的工作環境或是充滿無力感的人際關係等等。

很多人覺得交易做得風生水起，生活的狀況就能迎刃而解，可是事實上，你的生活過得好（生活自律、時間管理良好及心理狀態穩定等），交易狀況才能明顯改善。越是逼自己「用交易取代討厭的工作」，越有可能讓交易越做越痛苦，因為你不會享受交易的過程與樂趣，你只會看見交易中的痛苦、挫折及許多的無能為力。

請再給自己多一些時間，訓練自己適應市場的挫折並累積資本，等生活狀態與心理狀態改善後，再進場做交易吧。心理餘裕（彈性）會降低你對市場的恐懼、增加信心。如此一來，交易與你的生活就會相輔相成，成就你想要的改變。

英國作家凱薩琳‧布莉絲（Catherine Blyth）在《時間貧民》（*On Time*）一書裡提到改善時間焦慮的方法，是先用紙筆把計畫寫下來，**具象化你的想法**。

我們交易跟投資會做得不好，一部分的原因是我們常用

「想像」在操作，而不是務實地去實踐、紀錄。透過實際做好規劃，把投入的資金、週期及頻率等等都寫清楚，有利於你執行的效率。

心理上，你可以藉由「如果……就……」的心理機制，讓心理遵循理性法則，但在預期錯失目標的時候，減少心理挫折，降低你破壞交易規則的心理衝動。

所以原本是時間壓力較大的「我『一定』要抱住這檔 5 年，才能平均每年賺 5%」，可以換成較容易執行的「『如果』我能定期定額買進，『就』可以獲得平均每年 5% 的報酬」。

當你經過許多檢討還找不到具體的原因時，建議找人幫你客觀地檢視，或用上面的方法自我核對，看看時間焦慮是否對你的交易與投資產生無形的壓力與影響！

行情差的時候不交易，你做得到嗎？

「如果你不是專職的交易人，自由人語重心長的告訴你，遠離市場，不要看盤，耐心的等待！認真的工作，賺你該賺的現金流。」

某次看到交易圈前輩自由人分享的這段話，身為交易心理的分享者，感觸很深。市場不好，不要做、不要看就好！但你有辦法做到嗎？你可以思考一下，你有辦法不做單，甚至不看

盤嗎？

沒辦法，很多人沒辦法。

因為你的「錢」套在那裡，你的「成就」也是，還有無數付出過的「時間」也套牢在市場裡。這些都是跟你息息相關的事，都是你的日常所需，所以與其強迫自己不看盤、不做單，不如回到做交易的初衷，反思一下，為什麼我們在行情不好時還是想看盤、想進場交易？

很多時候，我們對於金錢、名聲、成就感及財務自由太過渴望，導致陷入心理的牢籠，在市場中無法自拔。這些渴望反而使你變得不自由，變成一個「有交易行為才能感覺到自己存在價值」的人。

不論是「你怎麼生活，就怎麼交易」，或是自由人前輩所說的「交易是一趟尋找自己的旅程」，你都得要先清楚「自己要的是什麼」（心理預期）、「你是個怎樣的人」（心理狀態），才有辦法在這行情不好的時候，做到放下市場、認真過生活及踏實靠工作賺錢。

當你能找回當初做交易的初衷，也能發現跟自己個性與心理狀態契合的交易策略，「時間」就不會是你的敵人，反而會從讓你焦慮的源頭，變成你在投資與交易中最有利的助手！

CHAPTER 09

進場容易分手難，
因為缺乏堅定執行的心

大家都知道要做符合個性的交易，可是交易越做越熟之後，才發現對自己的心理很不熟悉。

交易是失敗學，而不是成功學

交易要做得好，不是看你多會賺，而是要看「你怎麼處理失敗、面對風險及控制賠」。

如果你滿腦子只想到要賺錢，沒顧慮到風險，最後就只能在後悔跟彌補虧損的日子中度過。有些讀者問我，為什麼比較少分享交易的技術，覺得這樣有點可惜；可是我認為交易的技術，市面上有許多專家、前輩的分享，都已經很不錯了。

交易的技巧跟知識，不外乎就是你常看到的那些（長週期——總體經濟、財報、政策等，短週期——強弱比、趨勢、支撐壓力、金流等），接下來就是熟練度跟交易系統的建立。

　　但我認為，更多交易與投資上的缺陷，是來自於「心理」。當你無法覺察自己交易前的心理預期、調節交易中的情緒，以及從交易後的挫折復原，就很難在交易路上走得順利、長久。所以，我才會把自媒體分享的重點放在交易的心理狀態，與生活的心理支持為主。

　　我大學剛進入市場賺錢時，每天都在計算賺多少錢，如果1天賺1萬，1年就可以賺200多萬，那我就不用辛辛苦苦當軍官撐到20年領終身俸，可以趕快做滿10年、甚至提早賠錢退伍。

　　這樣過度自信的心態，持續到我22歲畢業工作那年，因為工作辛苦，想要早日脫離軍中，就到處跟親朋好友集資，滿心想著要好好賺一把，看可不可以提早結束軍旅生活。

　　接下來的遭遇，跟大多的市場悲劇一樣，我先是融資買股2個月賠了近50萬，為了把這筆錢凹單賺回來，開始看書試著交易選擇權，不到20天又賠了快100萬。沒衡量財務、過度借錢、開大槓桿，這就是加速走上交易絕路的標準方式。

　　接下來就是好幾年的自我修練之旅，我慢慢地、痛苦地從挫折中爬起來；每天早上一覺醒來，腦中就是滿滿的沉重虧損

與自我懷疑。折磨、煎熬與無助排山倒海而來，只有自己能夠體會，很少有人能陪你走過這段孤獨、漫長又充滿荊棘的復原之路。

在這條路上我理解到，一個好的投資人或交易者，他的損益分布應該會是許多小賺、小賠，加上偶爾的大賺。如果你的損益分布是這樣，MDD（最大交易回落）很小的話（勝率也不能低到很誇張），表示你是很擅長處理失敗、控制賠的人。

如果你的交易週期比較長，你也可以自己設定，例如 1 個月虧 20 萬就要先出場停損，除非你已打定主意要超長線布局。即使是超長線布局，也還是建議要設定一個合理的虧損值，避免讓它成為無限凹單的理由。

交易問題是選擇，還是錯誤？

「我們就是自己的選擇。」——存在主義哲學家沙特。

太早獲利出場，是大家常見的交易困擾之一。

輔導許多諮詢者的交易心理後，我開始在思考「太早停利出場，到底是選擇，還是錯誤」？右頁圖以做一個價格突破均線作多的策略為例，當你在 1 的位置進場，到 2 的時候因擔心

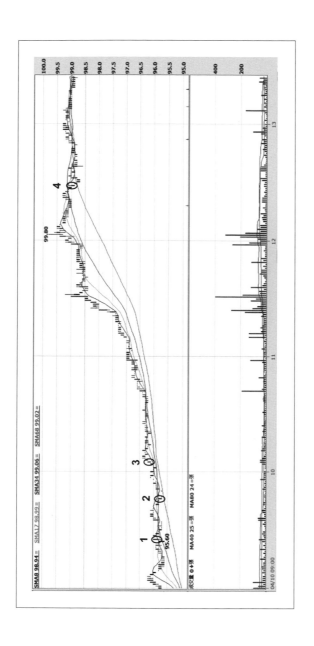

跌破均線而出場，這時候來到 3 的位置，你敢不敢再進場？

照理說，依照你突破均線的策略，來到 3 的時候應該要再次進場，然後等到行情走到 4，跌破均線才出場。但中間這次提前出場的行為，真的是錯誤嗎？還是只是一種選擇？

「提早停利」背後的心理動機是，選擇限制「單筆的損益波動」，因為內心沒辦法承受太大的獲利回檔，所以用時間綁住波動空間。

我覺得這做法未必是錯，真正錯的地方在於，交易者沒有意識到自己的心理預期（交易框架）在盤中改變了。原本是一個想追求較高賺賠比的策略，但轉成追求高勝率的策略。事實上，人的心理本身就比較渴望追求高勝率（因為損失趨避），所以難免有這種狀況出現。

如果你是具有交易一致性的交易者，應該在 3（再次突破均線時），再次進場。

聰明的你一定會有個疑問：「看起來 1 跟 3 的價格都沒什麼變，幹嘛脫褲子放屁，盤中還多一趟進出的『交易成本』，感覺很遜。」的確沒錯，這個多一趟進出的交易成本，就是我常說的「心理成本」。

有些日內波的高手經驗豐富、心理素質較堅韌，比較不會被盤中的損益波動、獲利回吐洗出場。但對盤勢較不敏感、對自己虧損與還沒獲利卻特別敏感的一般投資人，就會更想追求

安全及較高的勝率。

　　所以當你追求安全而提早出場時，選擇付出這樣的「心理成本」，就是一種補救的辦法。有時候你覺得是錯誤的，其實你只是「心理上無法接受你的選擇」，提早獲利出場也是，有時只是一種選擇而非錯誤。不過，若是相同的機會再次出現而你不進場，那原本的選擇就會變成一種錯誤了。

　　最後補充一下，有些高手選擇極短線的進出，並非是怕獲利回吐或害怕虧損，而是自己在交易策略、商品選擇上有自己的策略與框架，可能不適用於本篇討論的內容。

想要獲利，你得喚醒勇氣、迎戰脆弱！

　　很多人以為不賠錢很難，但我認為，**培養賺錢的勇氣**更難。有些人可能會想：「想賺錢，有什麼難的？」在經歷許多交易挫折後我發現，跟果斷停損一樣困難的，是「相信部位看對，續抱」。

　　如果說交易的新手村是「停損點到了要停損」，那準備轉職成為獲利交易者的考驗，就是「判斷正確時，讓獲利再跑遠一點」。

　　《脆弱的力量》作者布芮尼‧布朗博士說：「你多有勇氣的衡量標準，是你能夠面對、承受什麼程度的脆弱。」一路抱

著獲利的心理歷程，迎面而來的並不是快樂，而是滿滿的自我懷疑、與脆弱碰撞的焦慮；真正的歡愉，會出現在出清部位的那瞬間，但隨後會再被無盡的後悔給淹沒！為什麼獲利並沒有那麼快樂？因為行情還在向上，你開始質問自己：為什麼我沒有抱單的勇氣呢？

想找到答案，推薦你看布朗博士的紀錄片《召喚勇氣》（*Brené Brown: The Call to Courage*），一小時多的演講內容，圍繞著我們如何面對脆弱、重拾勇氣。演講中讓我最印象深刻的部分，是她提到變成百萬點閱 TED 講者的當下，內心竟然不是開心、喜悅及成就感，而是滿滿對於面對脆弱的恐懼。

她點開如驚悚片般的影片留言區：「她就是現在社會的問題」、「她應該要打一些肉毒桿菌」、「她應該等減了 7 公斤之後再來談價值」，當她看到這些留言時，自暴自棄了好一陣子，並時不時會不由自主地難過痛哭。

這個從爆紅到爆哭的歷程讓我十分訝異，卻又有點熟悉。當手上的交易部位獲利漸漸增加時，我的內心不也不斷傳來：「我真的有這麼棒，可以賺那麼多嗎？」「你沒有×××那麼好，這都是運氣，趕快出場！」「趕快賣出，你這輩子再也不可能賺到這些！」「你現在不獲利了結，你家人要靠什麼過活？」

如果這些話你也不陌生，那應該就能夠了解，想獲利的確

需要勇氣！有些人為了不讓這些負面聲音干擾交易，選擇在交易前後隔絕或壓抑情緒，但如同布朗博士在演講中所提到的：「當你對敞開心胸感到害怕，帶著盔甲武裝自我、隔絕軟弱、羞恥、痛，同時你也會隔絕愛、歸屬感跟快樂。」

更重要的是，你可能再也無法聽到情緒、脆弱釋放的訊息，就像索羅斯的背痛一樣，那是一種對於異常行情或交易行為的訊號。

我們的文化常會把脆弱跟失敗做連結，布朗博士則認為：「不能忍受失敗，你就無法創新，不能接受失敗，你就無法成長、得到獲利。」

你不一定會失敗，只是對於「可能」失敗的感覺感到焦慮與恐懼，所以你會害怕獲利回吐、被笑從山頭抱到山谷。不過有時候，贏或成功的定義並非是獲得第一，而是有勇氣面對一些對你來說困難、脆弱的事情。

堅持住你原本的交易計畫，在盤中維持那份得來不易的自信，並且在盤後仍不後悔做該做的事情，這就是件十分有勇氣的事。面對脆弱很艱難，但再難都比不過你從人生的終點回頭看，想著「如果那件事我做了、如果那句話我說了」所帶來的後悔。

想做、需要做，那就去做吧！執行之後，你才知道如何修正。

交易錯誤行為，源自想被認可

在第 3 章的〈投資目標與績效，該讓親友知道嗎？〉一節裡有提到，如果把你的投資目標、績效說出來，可能徒增你的投資壓力。

儘管如此，還是有許多人選擇到處宣揚自己的績效、發表自己對投資的高見。背後龐大的心理因素是「想被認可」。

「由受歡迎的程度來決定自身價值」，我也曾陷入這個心理遊戲之中，因為本身較沒有自我認同感，常常會質疑自己，所以需要不斷地對別人輸出知識、價值，來提升對自己的認同感。

大學時期，因為我對投資的啟蒙較早，許多學長姐、學弟妹紛紛問我如何買股票，也到處去別人寢室教人投資，甚至因此上過校刊。但「少年得志大不幸」，不斷尋求外在認同的結果，反而讓我無法好好檢討自己有哪裡不足、培養健康的自信，也導致後來過度膨脹，一畢業就鑄下大錯，慘賠百萬以上。

從「尋求認可」的角度來看交易中的錯誤行為，你會發現，一個人對交易的信心並不是來自於他從中賺了很多錢，而是他本來就是一個能「自我認同」的人。

當你欠缺自我認同、害怕別人輕視時，很容易在過度努力

的同時也自我設限，導致無時無刻處在焦慮不安的狀態。為什麼會怕交易做不好呢？為什麼太害怕虧損呢？其實是「你害怕不被認同」，不被市場認同，不被家人好友認同，更不被自己認同。

投資人通常在做錯誤的交易行為時，除了想避免現實上的虧損外，更多是想逃避自責的心理狀態，所以無法把獲利抱得更久，因為「提早獲利出場」是一件令人安心舒服的事，不用再忍受心理上的煎熬，也能夠感受到被認同。

《心理學博士的深度交易課》提到，交易時的逃避行為，幾乎都是由情緒所驅動。例如有些剛賠錢的交易者，時常會杯弓蛇影、不敢行動，就算遇到接近完美的機會也不敢進場。這些受到情緒干擾的交易者，想做的並不是要賺錢，而是要躲避虧損所帶來的心理威脅感，儘管成功躲避了內心的不安，卻遲遲無法有正確的交易作為。

對交易者來說，除了要有承擔風險的能力，更要有做出行動的勇氣，才能在面對行情的考驗與虧損的威脅時，再次找回自己的專注力，聚焦在有效的交易作為上，而不是一直被情緒帶著走，做出一連串離譜的決策。

雖然展現獲利的時候能夠感受到認同、減緩心理壓力，但你內心知道，總結來說，你還是在做錯誤的交易行為，也無法從投資與交易中累積可觀的資產。當你能夠從不斷向外尋求認

可，轉為「關照自己的內心需求」，學著愛自己，「看見自己表現好的地方」，而不是一直責難自己哪裡表現還不夠好，最後，才能從不斷在交易中尋找自我認同感的泥淖中爬出。

人是群居的動物，在意別人眼光在所難免。「愛自己」，並不是要你學會驕傲，而是承認自己的脆弱、聚焦於自己為了追求卓越的努力。隨著你不再「盲目跟隨他人眼光」、「肯定不斷進步的自己」，自信會一點一滴慢慢長出來，並應用在你的投資與交易上，增加你的執行力與信心。

如果你的交易與生活，充滿「一定」與「必須」

「我一定要在今年賺到可以專職交易」、「我必須在 30 歲前考上公務員」、「我得交易月賺六位數，才能拿來說嘴」，假如你的交易與生活中，充滿這些帶有「絕對性」的語句，你可能會變得很脆弱。

這個脆弱「並不是弱」，而是「無法安於不確定性」。交易是不確定的，生活也是。

某次聯準會公布升息後，臺指期貨夜盤先漲 100 多點，再跌近 300 點。如果你期待的是「一定會如何」，不論是一定漲或一定跌，這樣的市況對你來說，可能都會是很大的打擊。但如果你的期待是漲的「機率比較高」，則意謂著你接納「跌的

可能性」，這能讓你有更好的應對彈性。你的看法當然會傾向某一邊，但得允許自己犯錯。

事後回頭看行情，大家都能說上一些「我早知道走勢會如何如何」的道理，可是在發生之前，沒有所謂的「必須」、「一定」。

這些「必須」、「一定」，源自於你生活上的缺乏彈性，對事往往非黑即白，「考不到 95 分，我就是魯蛇」、「老闆不喜歡我，我一定很沒用」等。心理學裡面有個詞叫做「過度類化」（over generalization），當某一件事情給你的回饋是負面時，你會下意識認為自己所有一切都很糟。

以交易為例，很多人一遇到虧損，就會說自己交易怎麼做都做不好，彷彿做投資與交易只有賺錢這個選項，才是唯一、一定且必須出現的結果。其實交易與投資的過程，是不斷的「賠賠」與「賺賺」，甚至是「賠賠賠賠賺」。

過度類化的狀況下，也容易讓交易者與投資人產生「整數／正數情結」。當你帳面損益是 +9985 或 -216 時，你可能會為了要湊整數（10000）或者不賠錢，遲不出場或過度交易，忽略了獲利的方程式。

對的操作動作 × 市場行情＝獲利

如果想固定「獲利」這個變數，而市場行情又不穩定的情況下，你只能嘗試改變交易動作，但為了追求獲利而臨時胡亂調整交易計畫的後果，最後大多虧損收場。

所以，正確的操作念頭應該是「我要不要繼續做交易、有沒有符合的訊號」（或休息），而不是我要進場再賺多少錢。能夠接受虧損、放下不適合自己的行情，靠的就是心理上的取捨。

接納不確定性與錯誤，專注在可以控制的部分，才能讓你擺脫過度類化的否定，不會時常責備自己，讓你在接連虧損之後，依然擁有留在市場上的信心。

賺心理能負荷的錢就好

在《交易者的超級心流訓練》（*Enhancing Trader Performance*）一書裡提到：「過度的風險與報酬，會造成過度的情緒體驗。」

聽起來有點抽象，什麼是過度的情緒體驗呢？最直觀的說法：「曾賺過太多錢，讓你對一般的損益波動失去感覺。」

跟大家分享自身血淋淋的教訓，7 年前我剛畢業的時候，因為大學時期投資有成，有數十萬的儲蓄，再加上太想脫離痛苦的菜鳥軍官生活，所以融資（槓桿 2.5 倍）買股，再加上一

些親朋好友的積蓄，槓桿大概 3 倍左右。原本 1 個月損益的波動大概幾萬塊，突然暴增到六位數，當時好興奮，不斷幻想 1 個月六位數，幾年就可以準備財富自由了。

沒想到遇到市場回檔，把自己逼到接近斷頭的停損點，只好認賠殺出，損失幾十萬。

這還不是最慘的。

因為已經習慣了六位數的損益波動，所以早就對五位數的損益失去感覺，覺得六位數的賺賠，才會讓自己感覺有在投資跟交易。這時候的我，已經被過度的獲利、虧損情緒體驗沖昏頭了。

隔年，我申請了一筆接近 100 萬的貸款，一筆單直接投入到陌生的選擇權市場裡。這筆錢其實已經是我總資產的好幾倍了，當下卻並沒有太多感覺，直到 1 個月後歸零了，才發現自己整個人像被抽真空一樣的行屍走肉。我花了好一段時間才慢慢建立對錢的現實感，調整自己的心理狀態，重新對幾千塊的損益也會有「心痛的感覺」。

說回本篇主題，為什麼那麼多人都會凹單？特別是用「馬丁格爾（翻倍下注）法」來凹單？因為拉高的槓桿與風險，已經給你帶來太多的情緒刺激，讓你產生賭癮，特別是幾次凹單成功後，更是使你得到強力的正增強。

你一定會納悶，要如何處理這種情況呢？我覺得聚焦在損

益的「比例」上，會是首要的步驟。

「絕對金額」的震盪實在太刺激、太誘人，而且「慢慢」把錢賺回來，實在太痛苦了，是種折磨、凌遲的感覺，虧損的否定感與焦慮感會迫使你緊盯「絕對金額」。所以，第一步，除了要牢牢嚴守操作程序外，可以先把焦點放在損益的「比例」上，因為損益的比例跟你的技術比較有關聯。

當你的技術提升，再加上持續累積的資產，才能夠「健康地」把資產再賺回來。

前臺北市長柯文哲先生，曾在陽明大學的畢業演講提到一段話：「只有不小心而全軍覆沒，沒有不小心而大獲全勝。」他勉勵醫學院畢業生，需要透過很多的努力，才能達到每一個成功。

我認為這段話，也十分適用於交易，沒有好的心態跟能力，爆賺只是不小心的，慘賠早晚會來。「控制賠」不只是口號，更沒有一絲不小心犯錯的空間。哪怕只有幾次想爆倉的念頭，都有可能一次就畢業被抬出市場。

柯文哲先生的演講中，還有一段話也很受用：「不要羨慕別人的成功，因為你付不出那個代價。」相信在市場裡待一陣子的人，都會對這句話有些感觸，想要取得大筆的收入，需要的絕對不是只有運氣而已，對於風險的耐受度、對自己的信心，還有付出的努力，都得比別人要多上好幾倍才行！

當你發現，自己無法執行原本的交易計畫，或是沒辦法跟手中的持股順利地告別說分手時，通常都是內心有太多的牽掛，以及損益的金額已經遠超出你的心理所能負荷。現在，你可以嘗試把損益波動造成的情緒感受，納入資金管理的交易計畫中，這能讓你更果斷地去執行交易！

賺心理能負荷的錢，就不會虧上心理無法負荷的錢。

投資心理室 Podcast

賺心理能負荷的錢就好 - 別被損益的情緒體驗沖昏頭

本集會告訴你：為什麼損益的波動太大會讓你「交易成癮」？什麼是金錢的「現實感」？跟「資金管理」有什麼關係呢？什麼是「馬丁格爾翻倍下注法」？我們要在意交易與投資的「絕對金額」還是「比例」呢？

◆ 網址→ https://pse.is/4wvd44

PART 3

對的心態，
讓你邁向更好的
人生與獲利

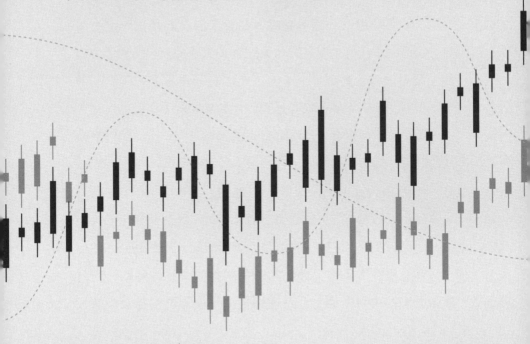

CHAPTER 10

投資本多終勝，
勝在資金的心理優勢

　　「本多終勝」一詞很常在各投資、股票的社群平臺中看見，這個詞會出現主要是有些人認為，投資的大戶、機構會贏錢主要是因為他們資本很多。不可否認，資本多的確是個優勢，但我認為資本多不見得是他們能夠獲利的主要優勢。

　　因為資本多也有「無法轉彎」的劣勢，大資金出場需要較長的時間，短時間出場自己會多殺多；而且資本多是種相對概念，如果 10 億元的大戶去買高市值的公司，跟 100 萬的散戶去買低市值的公司，可能感覺是差不多的，因為對錢少的人來說，你也是大戶，重點是你如何去資產配置，怎麼調配比例。

　　我覺得資本多的人最好的優勢，在於交易的**餘裕**。交易資金的餘裕會讓你產生「**心理彈性**」，使你做交易決策時，

可以減少負面情緒與資金壓力干擾，並多出一些高品質決策的思考空間。這也是為什麼大家常說，投資與交易要**拿用不到的錢去做**。

交易賽局裡，聰明錢吃傻瓜錢

巴菲特曾說：「**牌過三巡，你還不知道牌桌上誰是傻瓜，那麼你就是那個傻瓜。**」在市場中，對於來自專業投資機構、交易員等的資金有個說法，叫「Smart money」，代表這部分的參與者掌握比較多的資訊、訓練及資金優勢等。

在零和、甚至負和（加上手續費）的交易市場中，除了投資整體市場指數外，幾乎都是弱肉強食。當市場的行情、成交量變差時，市場上只剩下能夠聰明存活的參與者，容錯空間、遲疑時間都變短，容易獲利的區段也稍縱即逝，這就是行情變不好做的主因。

交易的獲利，是心態瓦解的人輸錢給心態健全的人。想要在市場中獲利，就看交易時，誰犯的錯比較少，誰能完成良好的交易計畫並執行，且在執行的過程，心態要保持穩定。

有著不同心態強度與資金的交易者，是如何影響市場走向的呢？大錢軋小錢！強心臟軋弱心臟！

《投機者的撲克》裡說到資金的戰鬥力：「1 億在 1000

人手裡，只是散兵游勇；1 億在 3 個人手裡，是狼虎之師。」
這段話充分詮釋了資金的力道是如何影響市場，也讓人領悟
到，這些資金充足、心態強韌的少數市場贏家，又是怎麼戰勝
各方面都較脆弱的眾多散戶。

當市場上這些交易資金的力道相互抗衡之後，就產生了價
格的樣態，而這價格樣態也自然體現出背後的交易心理。

《頂尖操盤手的養成計畫 2》（*The Way to Trade Better*）
書裡提到「**價格是供給和需求的函數**」，而心理又是驅動供需
變化的重要因素。當貪婪的情緒不斷推動需求，價格就會異常
上升，而恐懼情緒導致供給暴增，則會重挫價格。

把上述兩本書的觀點綜合來看，當一群人的零散資金在恐
慌時，就很容易被少數人的大筆資金給擊潰。這並不代表資金
大、總額高就一定獲勝，而是 Smart money 背後的人性是沉著
穩健的，他們不會跟隨市場恐慌，而失去理性與對情緒的控
制。群眾恐慌時，你的貪婪，就格外有價值。

當市場不對稱的情緒開始蔓延，心理的槓桿瞬間就會變成
資金的槓桿，如果正常情況下，5000 萬只能影響一檔股票 2 個
跳動點（tick），當市場心理不對稱時，可能就能影響到 3、4
個以上（流動性稀缺、多殺多等原因）。極端的價格源於極端
的情緒，新聞事件只是催化劑，把原本累積的脆弱給逼出來。

這也是為什麼市場的贏家、大師不斷強調心態的重要，因

為好的心理狀態、心理素質，會使你看得更透徹。**交易不只是資金的戰爭，也是堅強與脆弱心態之間的交鋒。**

給你偷看答案，就能 all-in 嗎？

如果資金不如市場大戶多，我是不是 all-in 資金，才有贏的機會呢？「就算告訴了你價格的波動分布，但你知道要怎麼下注嗎？」當初聽到這句話時，我像是被雷打到一樣，整個人呆在原地，思考我以前的交易到底在幹嘛。這句話是我參加量化交易協會理事長吳牧恩教授的講座時所聽到的，他想表達的是：儘管你對行情的把握度高，你也要做對應的資金分配。

早期的我，對交易與投資的資金管理很不成熟，部位幾乎都全進全出，有時還會再加上一些超過最大風險值的槓桿。因為太過自信，以為自己看得對、停損能做好，把把 all-in 賺得不亦樂乎；直到大賠受重傷，才發現自己一直走在風險的鋼索上，完全沒注意賺賠比跟控制下檔風險，更別說資金管理了。

雖然我並不是數理專業，相信也有許多人跟我一樣不擅長數學，但了解凱利公式之後，我學會建立機率化思考的習慣，先評估多大的勝算、賠率，再思考放多少的部位，才讓交易的思考變得更網狀，而非只是線性的拚搏。透過你的交易紀錄，你可以知道你某個策略在交易上平均的勝率（p）大

概是多少，每次獲利的賺賠比多少（*b*），所以可以得出建議使用的資金比率。

舉例來說，假設有一個交易策略，勝率（*p*）是 60%，每次的賺賠比是 1.1 倍，你可以算出重複這個賽局的最佳資金比例是 24%（四捨五入到小數點後第二位）。

你可以把 24% 當成是一個資金比例的參考值。

$$f^* = \frac{bp - q}{b} = \frac{p(b+1) - 1}{b}$$

凱利公式（*p* 為獲利事件發生的機率，*b* 為獲利事件發生的賠率，*f** 為建議的資金比例，*q* 為失敗率）

最後也要提醒大家，凱利公式是運用在傳統的賭局（確定的機率分布）上，而交易是一個主觀認定（具有不確定性）的機率分布，更別說，**人會因過度自信而高估勝算**。當你根據公式推算出最佳下注比例時，千萬要「再下小一點」，才有辦法「活得久」！

心理彈性管理跟資金管理一樣重要

想擁有心理彈性（resilience），就需要在生活中面對各種壓力之外，還在腦中保留足夠精力，來應付突來的額外壓力。簡單來說，你必須儲備「額外的心理能量」來應付突發事件。

從認知心理學與神經科學的角度去看，腦中的認知資源有限，如果我們每天都活在高壓、多工處理的環境中，我們腦中的認知資源很快就會被耗盡。國立陽明交通大學神經科學研究所郭文欽副教授曾提到：「人的意念對於大腦中『煞車』（抑制動作）的作用效率是有影響的。」也就是說，要把一個動作暫停，有部分需要靠我們的個人意志力（大腦資源）去執行。

當我們要阻止一個錯誤的交易行為發生，就需要靠我們的大腦煞車系統。以散戶常見的攤平虧損為例，我們原本設定一檔個股的部位上限是 20%，但因為看到股價下跌，內心升起了「股價變便宜、我可以來降低平均成本」的念頭，雖然已經持有 20% 的部位，我們還是想繼續加碼，無視當初的設定，這時就需要靠大腦來幫我們為加碼的行為踩煞車。

但如果你的生活狀況已經一團混亂，沒有心理彈性去好好沉澱與思考，你的大腦跟內心，很可能就會棄守你所設定的交易紀律，做出不好的交易行為。因此，生活放鬆，才有餘裕去處理交易的焦慮。接下來，我會介紹三個方法來提升你的心理彈性，強化交易的心理武器。

一、學習部位管理

剛開始學投資的那幾年，我一直沒有資金管理的概念，因為初學時接觸的是股票，所以幾乎把所有資金都放了進去，看

到想買的股票都是 all-in，甚至融資買股，沒考慮資金運用的彈性，自然不用說什麼心理餘裕，一下子就被波動掃出場了。

學習到如何思考自己投資的勝率與賺賠比，是在我接觸選擇權市場後，因為選擇權價格歸零跟爆倉的速度都很快，每個不同的履約價有不同的勝率及賺賠比，所以可以更進一步做詳細的勝率與賺賠比思考。

再加上前面提到的凱利公式，你可以知道資金的分配上限為何，並試著下少一點的部位。當你能夠規劃交易的資金運用時，恭喜你，又往成功的交易者更進一步；更重要的是，你開始有了交易的心理彈性，不用時時擔心爆倉風險。

二、用閒錢去投資

看了上面的描述你可能會想：天啊，也太多數學公式的推導了！於是過幾天後，又回到看心情去投入資金的壞習慣上。不過沒關係，這是人之常情，也是為什麼市場上的贏家那麼少且賺錢的大多是機構的原因，因為他們有風控部門和交易規章，可以去管制風控，進行較有效率的資金管理。

那如果不想花太多心思去煩惱資金管理怎麼辦？

「用花不到的錢去投資」是這個市場中，流傳的簡易版資金管理口訣，這是個很好的解方，因為用「花不到的錢」本身就已經幫你把你的資金配置成「花不到」、「花得到」兩種了，

這應該是最簡單入門的資產配置方式，能提供你一定程度的心理彈性，也不用思索太複雜的數學公式。

三、反思交易資本與心理狀態的關聯

如果不想要較複雜的數學計算，也不想太簡單的二分法資金管理，我覺得要得到交易心理彈性最根本的方式，還是得去思考你的資本與心理狀態（承受度）的關聯、密切性。

不論是部位管理技巧還是閒錢，都是想辦法讓交易資本不要困擾你心理狀態的方式，但回歸源頭，為什麼有的市場贏家可以重押許多部位？除了他有風險控管及交易技巧外，大家一定很常聽到一個說法：因為他「心臟很大顆」。有些人投入 200% 的資金、產生 20% 的損益波動可能內心都能承受住；但有些人只投入 20% 資金、產生 2% 的損益波動就感到焦慮不已。

會有上面的差異，源於風險耐受力不同。風險耐受力往往來自於一個人的心理彈性、心理復原力等。他通常會經歷過許多的挫折，並從挫折中再度爬起，鍛鍊出強健的心理肌肉。

在大多數人都恐慌的波動出現時，這些波動的大小往往還達不到市場贏家所恐懼的閾值 *，不會觸發其對交易的恐懼，

---

* 閾值：是令對象發生某種變化所需的某種條件的值，要達到這個值才會觸發相對應的反應。

於是他們就能在別人恐懼時貪婪，下較大部位去重押，獲取更可觀的報酬。

看完以上三個提升心理彈性的做法，你會發現「心理彈性」才是本多終勝者最強的武器。許多人會認為「本多終勝」就是市場的聖盃，但其實本金多的人跟大多數投資人一樣，在交易時都會面對許多壓力，可能是現實的經濟壓力、想證明自己的成就壓力，或是不想重回職場的生涯壓力等等。

交易的贏家並不是感受不到壓力，而是他比你更懂得如何辨識、調解這些壓力，進而不斷鍛鍊他們的交易心理肌肉，去應付市場上接踵而至的不同挑戰！

控制賠，比本多終勝更關鍵

前面花了很多篇幅說明本多終勝帶來的心理優勢，但還有一個我認為更重要的聖盃，就是「控制賠（虧損）」。

知名投資 Podcast《米高金融實驗室》主持人之一高拋低吸常說：「**贏家，只是比較會控制賠。**」當時聽到，覺得真不愧是交易贏家，一語道破交易的精髓。

雖然「控制賠」只有簡單三個字，參透它卻花了我不只 3 年的時間。2016 年時，我曾幾個月慘賠百萬以上，關鍵就出

在不懂得控制賠，後續在交易市場裡浮浮沉沉，滿腦子都是想累積資本、把虧損拚回來。但事實上，糟糕的資金管理加上想扳回一城的渴望，讓我變成賭徒，而不是交易者。

很多人都說，獲利的祕訣是本多終勝。但比起「本多」，「控制賠」似乎較容易達到，畢竟大部分的人就是本不夠多，才會希望透過投資與交易賺取額外收入。

相信在你踏入投資跟交易的領域後，一定有許多人不厭其煩、耳提面命告誡你「停損」的重要，不過知道是一回事，做又是一回事。重點不是「理解」控制賠這件事，而是「執行」。

交易者處理完「心理議題」後，下一個待解決的議題就是「資金與風險管理」。在交易上，有很多東西都無法控制，但除了交易心理以外，「賠多少錢」，是少數在交易中我們較能有掌控感的事。所以接下來要跟大家分享三個控制賠的方法：

一、 轉換參考點（錨點）

資金管理的心態重點在於「轉換參考點（錨點）」，很多人在交易群組、社群看到有人一天賺賠幾萬、幾十萬，就會很興奮、激動。但我們根本不知道對方的本金，不知道這筆交易對他內心的負擔比重多少，所以單看絕對金額，對檢討交易沒有太大幫助。

當虧損發生時，我們首先要做的，是先接受你已經賠錢的

事實，承認自己犯了交易操作上的錯，擔負起虧損的責任。接下來專注把技巧改善、累積多次正確的動作，獲利狀況就會慢慢改善。並且不能一直看絕對金額，而是要看相對百分比。

假設你虧掉 100 萬，剩 10 萬本金交易，如果你一個禮拜只有賺到 1000 元，對賺回 100 萬來說，1000 元很少，可是對你當下的本金（10 萬）來說，一個禮拜賺 1000 等同於賺 1%，報酬率是很驚人的。

影響「控制賠」的執行有個關鍵心態，就是「自尊心」。如果你以前賺過很多錢，或是大家都很崇拜你，結果你突然跌落神壇，變成一副韭菜的模樣，這對你內心的打擊可能會比虧損金額的打擊還大。

這個時候，聚焦在參考點（錨點）的轉換對你來說非常關鍵，以前你可能習慣一天 1 萬～ 10 萬的損益波動，結果竟然變成 1000 ～ 2000。這時候你需要捨棄以前調度大本金的感覺，聚焦在百分比（%），心理落差感就不會那麼大，比較容易維持住交易信心與穩定度。同理，想要在暴賺後的自我膨脹心態中確實做到「控制賠」，也可以透過同樣的方法。

二、把贏來的錢當自己賺的辛苦錢

為什麼有些人大賺之後，就彷彿受到贏家的詛咒一般，開始走下坡，甚至面臨破產的絕境？

因為大賺後，你會開始用「贏來的錢」交易，虧錢時會開始變得「沒有現實感」。因為沒有用到自己辛苦累積的本金，自然沒有賠錢的感覺，導致失去戒心、無法控制賠。

所以你在獲利後，要調整心態，並在做資金管理時，把賺來的錢當作你的本金，讓自己對它有足夠的重視，也才能讓你在虧損時，可以感受到價格的波動對心理產生壓力、威脅感，進而讓適度的負面心理感受，影響你做出正向的交易行為改變。

三、「出金」很重要

最後，想跟大家分享「出金」*的重要性！交易前輩自由人說得很好：「賺錢要出金、賠錢更要出金。」為什麼賺錢、賠錢都要出金呢？

賺錢時要把賺到的錢守住，所以要把錢提一些出來，避免過度自信，做出草率的決策，讓損失變多。賠錢的時候出金，可以避免凹單、報復性下單，也能防止交易信心崩盤得太快。

所以大賠後理想的復原資金曲線，應該是 U 字形，而不是 V 字形。V 字型很容易陷入報復性下單的心理陷阱中，當你在交易時滿腦子都是要擺脫負債、虧損的陰影，就無法聚焦

---

* 出金：期貨術語，指將交易人之剩餘保證金從保證金專戶中提領而出的行為。在這裡也有從股票交割帳戶裡面提出款項的意思。

在正確的行為上。U 字型則可以讓你心態穩定後，慢慢累積資本，最後呈現**指數型**地穩步上攻。

最後，雖然「控制賠」如此重要，但它也有缺點：可能使你太專注在防守。當你從不會停損進化到敢停損後，下一步要面對的困難就是「過度停損」。遇到一個小信號，馬上就太敏感要停損，或者停損點設定太窄、對行情的預測要求過高，也會不太能忍受虧損。

針對這部分，《全面交易》（*Mastering The Trade*）書裡寫得很棒，用「**相對寬鬆的停損，（讓自己）保持在市場雜訊攻擊範圍外面**」。現在高頻單 * 很多，如果停損點設太近，很可能被不規則的波動（雜訊）給掃出場，在沒有流動性的市場更是如此。所以你應該把停損設定在支撐或壓力的外面一點（約 0.5% 左右，依個人風險與資金管理而定），避免太快被行情波動觸及停損點。

對我來說，控制賠最大的優點，除了控制損失以外，是增加心理優勢（交易自信、自我效能感及心理彈性），讓你意識到風險和最糟的狀況都在控制當中，增加你在交易時的下單勇氣，也能相對提高你敢下的資金部位！

---

* 高頻單：指透過自動化程式交易系統，產生出交易頻率很高的買賣交易單。

CHAPTER 11

運用行為心理學，
實踐贏家作為

　　許多交易贏家在分享成功經驗時，都會提到「盤感」很重要，那「盤感」到底是什麼呢？對一般人來說，這聽起來未知且神祕，即使你請一位懂交易的人來解釋，通常也有點困難，這並不是因為他是神棍或不善教學，只是盤感本身，對他來說真的是種「感覺」。

　　從認知心理學的角度來看，盤感是一種「內隱記憶」（implicit memory，又稱程序性記憶、非陳述性記憶），雖然它影響你的想法與行為，卻不能被察覺。常見的內隱記憶包含母語、運動員的精湛技能等，當你流利說出母語，或呈現精細的運動技巧時，你很難透過陳述方式，表達你是如何做到的。

　　既然無法陳述，那要如何練習「盤感」呢？

「你就開戶頭、用真金白銀下去交易就對了！」你是不是常在許多交易課程、網路投資影片中聽到這句話？

事實上的確如此。盤感畢竟是「內隱記憶」，「做中學」是最直接的學習方式，書上的知識（陳述性）只能提升你的背景知識，卻無法建立你對價格走勢的敏感度（盤感）。

當你透過不斷交易，累積經驗，把交易行為練習成「自動化」，盤感就會刻在你的大腦裡，增加你的反應速度、降低認知資源消耗。知名交易前輩阿魯米曾分享：「讀圖千遍，其義自現。」這句話就蘊含認知心理學「內隱記憶」的學習道理。

鍛鍊交易的心理肌肉

從盤感的介紹，你可以知道交易不好做的關鍵，在於交易心理不好訓練，得透過許多練習，才能使它變成一種自動化的歷程，交易心理的鍛鍊跟重量訓練很像，都需要經歷過辛苦的訓練與痠痛，才能夠長出肌肉。

第一次上健身教練課程時，教練讓我練習呼吸，透過正確呼吸來善用核心肌群。可是在練習呼吸的過程中，我相當挫折，因為一直無法把教練說的呼吸法，從我的腦，傳達訊息到對應的部位。

教練看我練得不順暢，突然問我：「你會分心嗎？」我才

意識到自己無法專注在呼吸這件事情上，導致相關的身體各部位不聽使喚。我曾在某本健身書上看到：「健身需要專注，你的心要在練的肌肉上。」隨著把注意力從身體姿勢轉換到呼吸上後，我終於成功完成動作，後續的訓練也都十分順利。

連結注意力與重訓的過程，讓我想到，交易也需要鍛鍊心理的肌肉。每次「交易」與「不交易」的決策，內心都要衝破一個情緒與認知的關卡，「加碼攤平是真的要平均成本，還是拉不下臉虧損呢？」「現在賣出是後勢看跌，還是禁不起虧損的打擊呢？」「最近賠成這樣，我真的適合投資嗎？」種種想法會不斷出現在腦海中。當我做好情緒調控，並把專注力拉回到交易決策時，才能更清楚看清當下的行情。

交易決策當下內心的拔河掙扎，就跟重訓時的痠痛感一樣，你不痠、不痛，就不會成長，肌肉訓練是這樣，心理彈性的培養更是如此。重訓時因為痠痛就不想做動作，跟一虧損就把部位丟著不管一樣，因為不想面對，不想專注在虧損帶給我們的心理痠痛。

交易的贏家並不是天生神力或沒有知覺，而是隨著無數次的心理對抗，鍛鍊出強大的心理肌肉，讓他們在面對一般的虧損和價格波動，比我們有更強的心理耐受力與復原力。為此，在行情不好做的時候，我們更應該去關照心理的感受，去看看這些挫折、恐懼怎麼影響你，隨著一次次從這些內心煎熬挺

過，你會發現，交易之路越走越順利。

尼采曾說：「那些殺不死我的，必使我更強大。」鍛鍊好你的交易心理肌肉，就能在每次交易挫折過後更堅強！

耐住無聊與痛苦，才是翻身的關鍵

鍛鍊強韌的心理肌肉，除了可以迅速做出好的決策以外，也可以因應壞行情的無聊與痛苦。許多無法等待的投資人，沒辦法忍受行情煎熬，也無法撐過空頭及低成交量的折磨，導致焦躁不安、鋌而走險，終難免嘗到失敗的慘烈與苦澀。

亞馬遜創辦人貝佐斯曾問巴菲特：「你的投資方法簡單，為什麼幾乎沒人能複製呢？」巴菲特回答：「因為沒有人願意慢慢變得富有。」

困在失敗裡的交易者很像囚犯，對坐牢的人來說，剎那的自由便是永恆，只要用槓桿、賭博換來短暫的爆利，就能暫時欺騙自己「交易好像做得還不錯」。我初入軍校和新兵入伍時，也感覺自己像在牢裡，只要稍微坐軍車出營區呼吸空氣，看看遠方的霓虹燈、喝外面訂的飲料，就有脫離牢籠的感覺。

離開監獄最好的方法其實是期滿出獄，表現好而提前獲得假釋更是開心；這不是跟默默工作到退休再來享樂，還有靠正確的投資與交易而提早財富自由很像嗎？

如果耐不住在牢獄裡的痛苦而逃獄，卻把命跟下半輩子都賠了，不只十分不值，還會造成社會治安問題。投資與交易也是如此，一時想豪賭翻身，可能一輩子翻船，還賠上家庭。想換得自由最快的方式，還是要靠「耐心」。

　　雖然知道等待是重要的，但為什麼我們還是做不到？

　　自從 2022 年下半年美國高調升息，美股續跌，臺股也跟著疲弱，成交量也持續偏低，做順勢交易的我，不論遇到跳空開低盤或盤整盤，都相較以往難做，不是跌幅一次滿足，就是低波動空間。這時比較好的做法，應該是縮量觀望、多看少做，但每天打開看盤軟體，就好像得做些什麼，才能證明自己存在、不是軟弱的。

　　「不交易比交易還難」，事實上的確如此，特別是當交易收入占比高時，只要你一停滯、等待，就會有種「不交易就失業」的恐懼感。交易是條孤獨、需要不斷等待的路，並不是每天都有煙火般的行情，更多時候我們像等待大魚上鉤的釣客，很可能曬了一天太陽，卻沒半隻魚咬餌，而正當你快放棄的時候，魚可能就來了。

　　所以交易有一項必備的心理技能就是「應付無聊」、「克服難受」！當你手中的部位順勢進場或逆勢布局，行情卻往反方向走或小幅震盪，隨著價格離停損點越來越近，這時你的內心十分煎熬，不曉得停損點到了之後，自己砍不砍得下去。

就在這段抱著部位不交易的無聊時光，你的內心天人交戰幾百回，最後可能不想再當等待的傻瓜，主動出擊，咬牙決定違背計畫加碼攤平或提早出場，只是最終換來的大多都是後悔的結果。悲慘的下場，往往源於無法應付無聊的煎熬。

你可能會好奇，我是如何學習跟等待、無聊相處呢？

最扎實的訓練來自軍校時期。「你的腳不會站好嗎？」「站一小時腳就開始抖，接下來一小時怎麼辦？」我頂著豔陽，還有學長的叫罵聲，在軍校基本教練課程裡，繼續望著遠方無聊地站著。

基本教練是我最討厭的課程，這是堂訓練軍校生站姿及基本行進的課程，每週五下午的軍訓課都讓每個一年級厭煩至極，因為又要準備被操、被罵，還要忍受無聊。「聞口令兩腳跟靠攏併齊，腳尖向外分開 45 度……」「頭要正、頸要直、口要閉，下顎微向後收，兩眼凝神向前平視。」「此為立正不動姿勢之要領，開始動作！」

每次聽完這段話，我知道痛苦的木頭人時光又要開始，往後一個多小時，只有你與自己的內心對話，沒有其他人能救你。在軍校鍛鍊的時光裡，我學會如何不斷「自我對話」、「自我說服」，並透過不停自我覺察與省思，來度過焦躁與不安。

這對交易十分有幫助，我越來越會在自我懷疑時，回顧交易計畫、釐清當下的焦慮，做出理性的決策。巴菲特說：「錢

會從沒有耐心的人手中，轉移到有耐心的人的手中。」

成功最難熬的時刻，就是**成功前的那一刻**。

培養贏家交易行為的「四個心理制約法」

「讀萬卷書，不如行萬里路」，這句話你想必聽過，但你知道交易也是如此嗎？

你訂閱許多的交易課程、收聽許多知名的 Podcast，你聽著股癌分享投資觀念時點頭如搗蒜。對！對！對，他講到的都很重要，這些交易重點跟心法都非常棒，讓你有如在交易的寒冬中遇到暖流。但下課之後、音頻結束，所有跟交易的一切，是不是又開始淡忘了呢？

改善交易行為的關鍵，在於「你有沒有把學習到的交易行為付諸實踐」。交易行為的養成具有一定的難度，這也是為什麼市場上的贏家那麼少的原因之一，他們總是時時刻刻鍛鍊自己的交易心理肌肉，養成正確的交易習慣與行為。

交易行為的養成聽起來很不容易，好像也具有一定的門檻，但其實還是有些心理上的小祕訣，能幫你更容易做到。

「心理上的制約」是養成交易行為一個很好用的方法，透過行為心理學的制約，加上「增強物」（增強行為的獎勵）或「懲罰」（削弱行為的做法）的幫助，我們可以更快地把正確

的交易心態，轉化為實際的交易行為。

主要有四種操作制約方法，接下來會一一幫大家介紹，並提供兩個常用的時機：

一、正向增強（positive reinforcement）

這個方法是在我們期望的行為出現時，給我們有興趣的獎勵。例如從事交易時，當我們在正確的地方做出停利、停損出場，使我們大賺或少賠，當天交易結束後可以去喜歡的餐廳吃大餐，犒賞自己正確的交易行為，增加日後維持正確交易行為的延續性。

二、負向增強（negative reinforcement）

這個方法則是在我們期望的行為出現後，移除掉我們不喜歡的事物，例如專業操盤手，因為不良的交易行為可能會被風險控制部門給責難，為了不被責難，他選擇做正確的交易行為。

三、正向懲罰 （positive punishment）

這個做法是當我們出現有問題的交易行為時，給予我們討厭的懲罰，例如當交易者做出不合理的攤平凹單，導致嚴重虧損時，限制他交易一天，做為處罰，以減少類似的問題交易行為產生。

四、負向懲罰（negative punishment）

這個做法是當我們出現有問題的交易行為時，移除掉我們喜歡的事物，例如在交易時過度槓桿造成虧損，我們就把一個年度的旅遊基金給沒收，讓交易者下次警惕，不會再出現有問題的行為。

看到這四個行為的訓練方式，你一定會想，這些訓練方式要在什麼時機使用？酬賞跟懲罰的頻率又要怎麼設定會比較好呢？關於養成行為的時間，心理學家也有做過研究，分為以下兩點：

一、固定時距（fixed interval）

每次給予酬賞與懲罰的時間間隔都一致，例如每月交易檢討時，就會針對正確與錯誤的交易行為，實施酬賞與懲罰。

二、變動時距（variable interval）

每次給予酬賞與懲罰的時間間隔都不同（但是平均的時距要一致），例如在一季裡面預計要給自己的交易行為做 3 次的考核（酬賞與懲罰），但這一季裡考核的時間不要以每個月來做計算，而是隨機抽取 3 次的交易行為來做考核。

心理學家在研究時發現「變動時距」是對增強行為最為有

效，因為行為者「無法預期」行為的增強物什麼時候會出現，所以會不斷地去做期望的行為、減少問題的行為，進而達到正確行為持續維持的效果。

這也是為什麼那麼多人會沉迷於抽獎、賭博這類的獲利行為，因為這些獲利的增強物出現時機很不固定，所以對行為的延續性很高，讓類似賭博的行為很難戒掉。

許多人認為，看了投資書、聽了交易者的分享、課程，就能夠找到投資的聖盃，成為交易贏家。然而，縱然書中跟課程裡出現了交易的聖盃，但那也不是你的聖盃，因為你還沒透過想法轉換成行為的方式，來實踐你的交易。

試著把上述技巧，在正確的時機妥善運用吧！相信你一定能夠把吸收到的交易知識應用在市場當中，走向交易贏家的道路。

此外，這些方法也適用於生活其他面向，如果你想戒菸、戒賭、減肥等，都能透過這種古典制約的方法，讓你的行動更容易被執行跟延續，不妨嘗試看看。

CHAPTER 12

你怎麼生活，就會怎麼交易

　　許多人交易出現問題時，會一直認為是交易系統不夠完美，想找更厲害的交易訊號、交易聖盃，來提高獲利的機會，並在後續交易中扳回一城，殊不知，其實**交易問題反映出的，是生活中早已出現的問題。**

　　小利在連續幾個月大賠後，來找我做交易心理諮詢。諮詢過程中，他覺察到股市對他的意義是，想要在股市賺一筆錢然後「順利離婚」。他發現在諮詢之前，沒有一個人能讓他吐露或傾訴如此內心的目標，連伴侶跟其他的家人也沒有說過，這導致他獨自壓抑，只想趕快從市場中賺到足夠的錢並離開家庭。

　　當小利覺察到家庭生活干擾到交易後，決定先釐清完婚姻與生活的問題，再來面對投資。雖然這並不是件容易的事，但

他在諮詢後回饋我說，他已經可以做到不給自己太大的時間壓力，以及不要把股市的失敗連結到生活的失敗上，現在已經開始改善生活的品質，對交易的態度也比較釋然。

從小利的例子中，除了可以看見他面對生活與交易的勇氣外，也可以發現我們的生活與交易其實密不可分。當你因為生活的不如意（家庭、工作職涯等），產生時間與金錢的焦慮後，你會為了趕快從痛苦的生活中解脫，而對交易有太多非理性的期待，導致你做出許多偏差的交易行為，想要追求很高的勝率、凹單以避免虧損，以及過度槓桿與交易等等。

交易，對你的生活有什麼意義？

想改善交易心理狀況，先得處理好生活中的心理議題。

很多人被問到「交易對你生活有什麼意義」時，最常見的回答就是「想賺大錢」、「不想工作那麼累」等。但當你的意義，聚焦在這些目的時，你得要思考，「這些目的，只能靠交易完成嗎？」「靠交易，你有辦法完成這些生活目標嗎？」

有些來找我諮詢的人，投資經歷達 10 年以上，令我訝異的是，他們不斷被相似的問題困擾。經過這麼長時間、有這麼豐富的經驗，照理說應該越挫越勇、殺遍天下無敵手，卻周而復始地被「在交易中找不到自我認同感」、「交易好像不是我要的

生活」等煩惱所困，這箇中問題的癥結，可能在於「意義」。

當你不斷地想靠交易證明自己、擺脫厭煩的生活，但交易卻不是自己喜歡的事情，或不適合自己的個性，你在交易上就無法找到生活的意義感。

我過去曾想靠投資成功，成為我所羨慕的那些「有錢、有成就」的人，所以我用交易來偽裝、來壯大自己，甚至虧大錢時還會裝闊、出手大方，催眠自己只是暫時跌倒，還是一個有潛力的少年股神。後來才發現：我害怕被虧損否定自我。

「賠錢時，我就是個沒用的人。」這樣的非理性信念很可怕，也會擊垮你，使你沒有信心過好生活。真正的交易自信，應該來自於接納自己，還有接納你的虧損。當你明白「虧損不代表你的失敗」時，你的交易心態就會越來越成熟。

如果交易對你的生活意義感不強烈時，交易心態容易得過且過，可要在零和遊戲的交易市場中穩定賺錢談何容易？大家比的就是誰願意多花時間努力，誰願意花心思研究，誰會把它當成創業或自己的事業來看。

意義，也會決定你用什麼心態看待交易。如同知名交易人快樂操盤人在自由人頻道所說：「你願意為交易犧牲到什麼情況？」就算不走專職交易的窄路，你想靠投資股票、ETF 等，都得要花時間學習相關知識（總體經濟、產業脈動等），才有辦法在「別人恐懼時貪婪、貪婪時恐懼」，想在本業外賺錢，

就得用心經營這個副業。

如果你認真投入，花心思看書、上課學習知識，並勤勞地在市場中磨練，保持穩定的心態，相信你的家人總有一天，會看見你的努力和毅力而支持你。當你用心到這種程度，就算家人不支持，你也會知道自己走在一條對的、有信心的路上。停下腳步想一想，你有把投資跟交易，當成自己的事業與生活中的一部分嗎？

為什麼交易不能照抄？因為生活無法複製

有時候會有些讀者傳訊息給我，詢問我一些交易策略、方法的問題：「鮪爸，你覺得台積電 500 元可不可以買？」「鮪爸，你覺得現在貸款分批買入是不是高勝率？」「鮪爸，你覺得停損點設 2% 好不好？」

遇到這類型的問題，我很難回答。如同過往當輔導長、心輔官從事心理輔導時，我不會直接給個案解答一樣，雖然我對事情有所看法，但你也會有自己的想法與脈絡，還有現實條件的考量等等，我的建議未必能夠滿足你的期待，也有可能對你產生不適合的框架。所以，比起給你魚吃，我更在意你是否知道如何釣魚、如何把生活過好。

許多交易贏家把祕訣公布或是寫成書籍，但你通常無法複

製他的獲利軌跡。「因為你沒有辦法複製他的生活」，有些傳奇交易人因為遭遇破產，所以需要高週轉率；有些則因為有穩定現金流，所以用時間來賺取空間（例如巴菲特），也有些默默靠著工作加上一些投資，過上不錯的日子。

但這些人的方法都適合你嗎？並不見得。你的成長軌跡與生活需求與他們都不相同，也許你已經有穩定的收入，不需要冒太大的險；也或許你已經被現實逼到走投無路，必須投機。所以當你沒有釐清自己的生活狀態，而到處緣木求魚，尋求複製贏家的必勝交易方法和策略時，未必是一件好事。很多時候，交易跟生活一樣，是一種「選擇」，而無關「對錯」。

當你透過很多學習管道，參考許多高手的策略後，務必好好消化、調整成適合自己的策略，因為他們曾經的生活你無法複製，你也沒辦法體驗他們經歷的苦。當你完全照抄交易策略時，可能會讓你感到做得很辛苦，也會產生疑惑。這疑問往往是你的策略跟心理預期有契合度的問題，導致策略可能沒錯，但你執行不了、忍不住，**「心理過不去，手就按不下去」**。

所以，學習到一個好的交易策略時，也要把自己的生活納入策略的評估之中，有些人有生活餘裕，可以耐住半年、1 年以上的虧損，但有些人則沒辦法忍受長期的煎熬，需要快速知道損益的增加，以便做及時的資金調整。如果你能把生活與交易做妥善的調配，那麼你的投資一定可以更加順利。

交易不該是你生活的全部

不知道大家交易時，有沒有一種感覺：「好像整天都在想投資與交易的事！」

盤中，如果是要上班的人，可能動不動就把手機拿起來看一下報價；如果是看盤時間沒事的人，動不動就想按下單鍵交易。盤後，趕快掃描一下今天漲跌的利多、利空消息，做期貨的點開夜盤報價繼續戰，操作美股的則一直捨不得睡，好不容易躺上床，腦子還是一直想交易策略，還有漲跌多少、會影響多少損益。

起床跟吃飯都先把手機打開看報價，或是滑一下財經消息，看投資群組裡又分享誰賺多少，哪家公司或政府有什麼陰謀論。碰上放假，就心心念念等交易日到來，不交易就覺得很無聊，一直看線圖、看新聞及上各大投資社群狂刷，彷彿交易成癮，隨時隨地感到一股財經資訊的匱乏感與焦慮感。

這就是我以前的樣子。

那時候的我，看到投資書裡寫到巴菲特的辦公室內，沒有專業的交易報價機，覺得很好笑，想說自己汲取那麼多財經資訊，應該可以創造比巴菲特還高的報酬率。

後來才發現，汲汲營營看那麼多資訊，加入那麼多投資群組，只是在填補自己投資的「不安全感」，還會讓自己「過度

交易」，更重要的是，「生活品質」一團糟。吃東西隨便吃，睡覺沒辦法好好睡，休息的時候還是盯著線圖或財經新聞瞎看，事後回憶起那段時間的生活，好像大部分都是空白的，可能只有交易虧損的印象比較深刻而已。

為了交易，把生活搞得一蹋糊塗、沒有生活品質，斤斤計較自己的時間是否有產值，捨不得做一些不會賺錢的事。這個想把一分一秒利用殆盡、榨出經濟產值的壞習慣，似乎是多年前大賠後累積下來的，讓我常有種「浪費時間＝浪費錢」的感覺。後來才發現自己為了多掙點時間「賺錢」，犧牲了許多平凡的快樂時光，不論是跟家人相處，還是好好吃頓飯等等。

這就是我為什麼想提倡「你怎麼生活，就怎麼交易」的原因。生活與交易看似沒有交集，但你生活的態度都會體現在交易之中。你的生活緊張，你的交易也會戰戰兢兢。你的生活沒有自信，那你的交易信心也不會太高。你的生活一團混亂，你的交易管理自然也不會好到哪兒去。

原本應該是生活狀況好，再用好的決策品質去交易，但很多人都把順序弄顛倒了，急著想透過交易，來改善糟糕的生活狀況，所以埋首在交易中，把生活都荒廢了。每當股市大跌、行情不好時，都可以看到好多為了交易失去伴侶、家人不諒解、陷入嚴重低潮與自我懷疑的案例，看了覺得很心疼，因為我也走過類似的道路。

分享這些，並不是想告訴你「交易不用努力」，而是希望你能夠平衡好交易與生活，當你的生活都被無謂的交易資訊占滿，你寶貴的「專注力」、「思考力」就無法用在交易的決策上。最重要的是，交易是生活的一部分，而不是全部，當你為了交易而犧牲掉生活品質，那真的就違背了你當初為了改善生活而投資、交易的目的。

如何藉由生活的改善，來影響交易？

一、把大目標拆成小目標

2008 年北京奧運前，英國在奧運自行車項目百年來只拿過一面金牌，但自從 2003 年戴夫‧布萊爾斯福德（Dave Brail-sford）接管英國的自行車隊後，他每天花時間尋找車隊可以改善的地方。把重點花在可以改善的 1% 上。他先改善輪胎的抓地力，接著再改善選手騎車的舒適度，不停從不同的「小地方」改善整個團隊。

終於在 2008 年北京奧運奪下自行車項目 60% 的奧運金牌，並在 2012 年的倫敦奧運，創下 7 項世界紀錄與 9 項奧運紀錄。想改善交易績效也如同英國車隊一樣，得先從不斷改善小目標做起，因為這樣執行起來有效率，且心理壓力較低。

許多人都會把目標聚焦在「今年我要把虧損賺回來」、「3

年內達到財富自由」等。但這種巨大且十分有壓力的目標上，所以每次交易都用放大鏡在檢視自己的績效，使心理負荷過重，讓交易決策時產生不必要的壓力。你可以把目標改為「這3個月我要先把不停損的壞習慣改掉」、「我要連續正確地抱10筆單」等等。

先從養成好習慣開始，當你可以連續完成一系列的小目標，很容易會養成好的交易習慣，剩下就靠時間去累積。生活也是這樣，你的生活品質當然不會一夕之間改善，馬上從充滿壓力變成每天快樂，但你可以從現在開始給自己一個小的目標。例如「這週開始不能拖延該做的工作」、「週末放假的時候專心玩，別顧慮工作」等。

當你一點一滴在意生活的品質、改變習慣，你會發現自己會越來越愛自己，還有喜歡自己生活的步調。

二、 把好的生活經驗遷移到交易中，產生正向循環

大多來諮詢的個案，除了交易狀況不好外，生活狀況也不甚理想，不論是個人沒有自信、陷入婚姻問題、家庭狀況不佳等。經過幾次諮詢後，他們嘗試去面對生活上的困境與難題，不再躲在交易裡逃避現實。有些人選擇做心理諮商、有些人暫停交易，也有些人好好處理婚姻與家庭關係。

當他們改善生活狀況後，跟我說對交易與投資的想法突然

變得清晰許多，錯誤的交易行為也有明顯的改善，也對做好投資與交易產生信心。這樣的正向循環並不是一蹴可幾的，改變通常發生在你開始正視生活、覺察自己的心理狀態開始，不可能一下子就學會交易的武功祕笈，隔天有如神助。

先改善生活品質與心理健康，交易的許多心理問題也可以迎刃而解，你更能專注在交易與投資策略的提升上。

三、捨得放棄不適合自己的

前兩項都是加法，而這項是減法。很多人聽到交易、投資可以賺很多錢，紛紛拿著畢生積蓄投入，深怕賺得比別人慢、賺得比別人少。但你真的適合交易嗎？你真的有需要做交易嗎？交易有必要成為你生活中的一部分嗎？

我以前以為人生就是要追求成就跟錢，但不斷追求的過程中受了許多傷，也發現我的快樂好像不是從中而來。並不是要告訴你錢不重要。錢很重要，沒有錢，你的選擇會變少，但有沒有必要靠交易與投資賺「很多錢」，這是你必須要思考的。

減去學習交易的時間、減去從交易挫折中爬起來的時間，你可以做很多事情；減去過多物質需求的慾望，可以讓你生活更容易滿足，也可以減緩你的交易壓力。你應該花點時間盤點**自己的期待是什麼？賺多少錢才夠？什麼樣的生活品質就可以滿足？**

透過上述三種方式，你能夠從改善生活開始，慢慢影響你的交易心理，「你怎麼生活，就怎麼交易」並不是一種精神勝利法，而是透過改善生活品質，來增加你交易時的心理彈性，以提升情緒穩定度、交易執行力等交易心理素質。

　　厲害的交易者跟一般的交易者遇到的交易挫折跟壓力是差不多的，但厲害的交易者面對這些挫折時，他們的復原力與適應能力是很強的。

　　聽過許多交易高手的訪談節目，我本以為這些高手都有一些驚人的絕世武功，後來才發現他們除了有擅長的交易策略外，對生活與人性的體悟都有一定的層次，並能把生活的哲學融入到交易的哲學中，才有辦法接受「**賺該賺的、賠該賠的錢**」！

　　傳奇交易者李佛摩因為憂鬱症而走上自我結束生命一途，雖然他有十分厲害的交易技巧，但當他的生活與交易開始失衡，就很難繼續維持交易與生活的品質。

　　所以當你虧錢感到十分挫折及難過時，一定要記得先暫停交易一陣子、維持住自己的基本生活，先好好地過生活，別讓僅存的生活快樂也被交易市場剝奪了！

PART 4

交易挫敗的心理處方籤

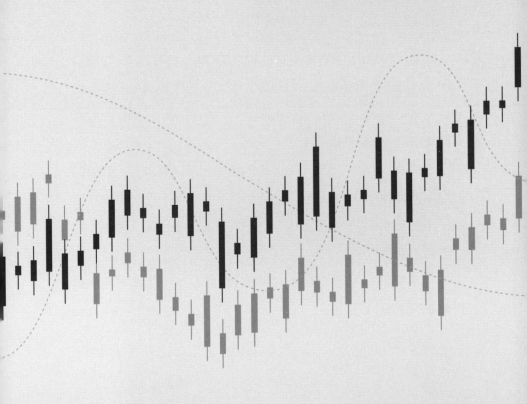

CHAPTER 13

虧到懷疑人生？你並非一無所有，只是需要重建信心！

2022 至 2023 年初，因為整體金融環境狀況低迷，不論股市或虛擬貨幣等投資都不容易做，有看到新聞報導，公務員投資股票失利 1000 萬後自殺燒炭身亡，也有人砸近 6000 萬做虛擬貨幣血本無歸後跳樓身亡。

會走上絕路的原因，除了賠的絕對金額過高以外，瓦解的自尊、累積的成就感崩塌等心理因素，更會讓一個人再也無法好好地生活與自我認同，因為已把「財富」跟「個人價值」完全劃上等號！

再多個 0，前面都需要有個 1 才有價值——生命，才是最重要的資產。

輸了投資，但不能輸了生命

　　每次看到這些因為投資與交易失利而走上絕路的例子，就會想起我在 7 年前因投資失利而負債百萬的慘痛教訓。

　　大學剛學投資時，以年化報酬率 20 ％以上的巴菲特為目標，4 年內賺了一些錢，但一畢業結了婚，感受到軍官工作辛苦與無助後，就想追求快速累積財富，想要把軍校時期的薪水儲蓄投入到交易中，希望賺大錢來逃離壓力大又不喜歡的環境。

　　因為白天得要上班，所以我在晚上投資美股，並且為增加波動，選擇了槓桿型的 ETF，原油、天然氣、VIX 等商品都有做過，最高一晚靠 3 倍原油槓桿型 ETF 賺了 33%，卻也陸陸續續賠掉，而那時普通的股票漲幅，已經吸引不了我了。

　　當把匯去國外的資金賠了 50% 後，我開始想靠更大波動的選擇權，把資金凹回來。最終在不了解槓桿 ETF 跟選擇權原理的情況下，讓我 22、23 歲時就加入了「百萬俱樂部」（負債 100 萬以上）。

　　得知虧損的當下，我坐在地板上發呆，然後拚命在手機上搜尋快速賺錢的方法，除了違法的、傷天害理的絕不能做，我得趕快找還有什麼管道可以短時間賺大錢。

　　上網查詢後發現，檢舉毒品、舉報匪諜都有高達百萬的高

額獎金，我腦中開始盤算要去哪裡找毒販、抓匪諜。只是經過幾天認真思考，才發現這些都很不實際，只好開始檢討自己的心理與現實狀態。從實際面來看，我每個月還有超過 5 萬的薪水，再加上年終，辛苦個幾年，應該有辦法還完。

不過現實總是不像理想這麼簡單，身為丈夫、兒子及輔導長等角色，為了降低金錢的焦慮、不被別人看輕，自己又把僅有的資金投入了一大部分進到市場，再次虧損後才驚覺，自己竟然已經處在絕望到不行的境地。

每當被人關心「最近過得還好嗎」，我只能硬撐著說「還可以、還不錯」。殊不知我那時也幾乎到鬼門關前走一遭了，每天都在想：「是不是該放棄了！」「活著好累，不如在這裡畫下句點就好……」

當時我也曾想：「多少錢，可以換一條命？」如果把這想法視為跟死神的交易，那我的籌碼就是自信心（自我評價）。幸好，經歷心理層面與現實層面的漸進改善後，我戰勝跟死神的交易，留下一命。

心理層面，隨著跟太太宣洩內心巨大的虧損負面情緒，並透過大學心理系與工作坊學習到的心理輔導方法，轉移挫折的信念，聚焦正向信念，我開始**把注意力放在「努力的樣子」與「變好的過程」**，所以逐漸感受到能繼續走下去的生命力與奮鬥動力。

至於現實層面，我建議大家可以好好盤點自己的負債與資產，當你的現金「淨流入」大於「淨流出」，儘管總負債金額很多，但你會更有信心撐到開雲見日的那天；即使淨流入不足，盤點清楚現實狀況至少也能讓你看見進一步努力的目標。自從經歷大賠之後，我就很能體會創業家的心情，因為他們也是不斷靠現金流入苦撐，直到產品開花結果，逆轉損益平衡點的那天。

　　透過我的例子，想再跟大家提醒一次！**自殺絕對不是好的處理問題手段！**

　　最後，跟大家分享美國石油鉅富洛克斐勒（John Davison Rockefeller）的故事。洛克斐勒曾跟別人說，就算把他丟到空無一物的沙漠中，只要一群駱駝商隊經過，他就能再建立起商業帝國。

　　這個故事從側面反映出了洛克斐勒強大的能力與自信，但其中還有一個常被人忽略的重要前提：洛克斐勒要想再造商業帝國，他就必須「活著」！他得在望不到邊際的沙漠裡始終**維持生存**，才能等到為他帶來翻身之機的駱駝商隊。

　　當我們理解風險時，做的是選擇；不理解風險時，就是在冒險。不論做錯了選擇或冒險後崩潰，別擔心，**只要活著，就有機會做出更好的選擇。**

虧到懷疑人生後，還要努力嗎？

當市場遭遇幾個月的持續性大跌，相信許多滿手持股的人應該心在淌血，心想：「人生好難，苦日子還有多久？」「我是不是賣一賣解脫比較好？」我也會遇到類似的虧損窘境，連續好幾天的虧損把上個月獲利吐了快一半，受傷的心理狀態，也導致錯誤交易行為的惡性循環。

行為經濟學家針對虧損心理的研究指出：「**虧損的痛是相同獲利的 2 倍！**」在我們面對虧損的同時，也不免讓人自我懷疑：「我的投資與交易，會不會窮忙到最後是一場空，那該怎麼辦？」

薛西弗斯的故事，跟我們面對持續虧損時的努力很像。薛西弗斯是古希臘神話人物，因為狡猾犯錯遭天神處罰，要將大石從低谷推上陡峭的高山，每次他用盡全力快把大石推到山頂時，石頭就會從其手中滑脫而滾落山谷，又得重新來過，所以他必須做著永無止境的勞動。

你是否覺得這跟自己的交易情況很像呢？以為持續努力，就能夠抵達財富自由的終點，結果又被現實（虧損與市場）狠狠打了一巴掌。常常是獲利一陣子很開心，結果一大賠就全吐回去，既然投資、交易那麼辛苦，為什麼還要做呢？

哲學家卡謬分析薛西弗斯面對懲罰的心態，認為薛西弗斯

在「不斷的行動」中稀釋了懲罰性，白話地說，因為薛西弗斯的堅持與行動，才讓這件徒勞無功的事情不再像懲罰，**他在行動的過程中，會感受到自己的價值**，認為結果不盡然是最重要的，而是怎麼看待自己的實踐與成長。

做交易、投資也是一個「行動的實踐」，把對於賺錢的渴望、未來的憧憬，轉換成交易與投資行為；儘管很長的時間裡可能都賺不到錢，但這些「行動的過程與失敗」都是有意義的，代表著「你已為翻轉人生盡了許多努力」！

你可能會想：「這樣也太像鴕鳥心態的自我安慰了吧！」許多曾來找我輔導的官兵，還有他們的同僚，都曾有過類似質疑：「說一說內心的想法有用嗎？改變了信念，但事實又沒什麼改變。」信念的確無法撼動虧損的事實，靠投資、交易賺錢翻身，實際上也比你想得難上許多。

但你不能藉此否定「想要變好的自己」。**想要變好**這件事，對你個人的自我效能、自我認同都有很大的影響，你或許會笑薛西弗斯傻，可是你得承認，他為了每個當下盡了最大的努力，正如同你也是想改善生活、讓自己變好才投入市場中，只是所學所用、市場反應都不如你的預期。

很多人私訊問我怎麼走過虧損的痛苦，對我來說，金錢的損失的確很苦，但在損失財富的過程裡「喪失自信與自我」，那才是最折磨人的，也是最致命的。

不要放棄，並不是要你死撐著，而是要你看到自己還有不錯的地方，並不是只有表現差勁的部分，你可能是個「孝順的孩子」、「體貼的老公」、「負責的爸爸」、「盡職的媽媽」或是一個「有夢想及才能的人才」。

　　別因為一下子的虧損，就認為世界末日到了。你看我，22到23歲賠了超過百萬，慘不慘？真的蠻慘的！但對現在的我來說，那反而是種幸運。因為從那時候開始，我知道唯有很認真地學習，把握每一段時間、每一次機會，才有辦法翻身。

　　雖然我現在仍在追逐成就的路途上，但過程已十分精彩與滿足，我不自認是個非常傑出的交易者，但我已非常擅於如何處理交易失敗與挫折、維持心理穩定，並對交易心理有深入的研究。

　　能夠讓我越來越像個交易心理教練的，不是我靠交易賺了很多錢，而是一次次交易挫折與自我懷疑後，我仍沒有被打倒，沒有放棄。如果你能從不斷的交易挫折中，感受到你對追求財富、自我實現的付出，你就能保有持續為生活奮鬥的熱情，而且從挫折中爬起來的速度，會比想像中快很多。

做交易，會後悔嗎？

　　好多人來找我交易心理諮詢時，都會跟我說好後悔當初

「不該凹單」、「不要借錢買股票」、「早知道好好上班就好」……

如果有人問我，做交易後悔嗎？我馬上會想到以前一件令我後悔不已的大事：跳傘訓練。

大學三年級的暑期跳傘訓練為期 4 週，每天須在屏東攝氏30 幾度的訓練場，待上 7、8 個小時。每天早上洞拐三洞（軍中時間用語：7 點 30 分），一堆看似行屍走肉的軍校生，坐在傘訓場旁樹蔭下的水溝蓋上，頭上黏著盔，身上的衣服被汗水浸濕後，又被曬乾長出白色的鹽斑，看著地面熱氣蒸騰的跳傘訓練場，當下像是地獄般令人卻步。

我們拖著沉重的步伐，跑上訓場等著被操，等著每天都要做幾百下的交互蹲跳，等著一直做錯動作後被罵、被處罰，那是心理跟生理的混合煎熬。

最可怕的是走到四層樓的跳臺，要自己助跑往下跳，經歷約 2 層樓的自由落體。那是人類生理最害怕的高度，原本沒懼高症的我，跳完跳臺後，開始怕高。

扎實的訓練讓討厭體能訓練的我，多次萌生退訓的念頭，甲溝炎、發燒、懼高症、扭傷，什麼大大小小的病都成了逃避的最佳庇護所。雖有機會退訓，但我還是硬著頭皮撐過了地面訓練，終於到了要登機跳傘的那個禮拜（預計 5 天跳 5 次），之前 4 層樓跳臺早已跳到有點懼高症的我，心裡祈禱著，拜託

天氣不要太好，跳一次就好，甚至想說：「不要跳最好！」

要從 380 公尺（約 100 樓高）的飛機自主跳下，感覺真的很恐怖，我心裡抱著這樣的畏懼，不斷希望「天氣可以毀了這一切」，不跳就不用怕了。

很幸運，第一天，沒跳。第二天，也沒跳。第三天，又沒跳。第四天反而開始擔心到底跳不跳得到。

最後，因為那陣子的天氣狀況都不理想，導致無法執行跳傘。這個消息帶給我「短暫的喜悅」，但更多的，是後悔失去挑戰自己的機會與回憶。每當看到後進的學弟妹，開開心心地在社群媒體上面分享跳傘成功的回憶與照片時，內心只有滿滿的後悔，後悔自己為什麼當初要祈禱天氣不好，錯失成就自己的機會。

回到交易後悔的問題。我常常問自己：「曾在交易中賠了百萬元以上，後不後悔？」說不曾後悔是騙人的，誰賠一大堆錢不會後悔呢？

我花了好多年才慢慢走過這個傷痛，但如果再讓我選一次，我還會走一樣的路嗎？會！我還是會！

如果人生一定會笨那麼一次而賠錢，那比起被人詐騙，笨（賠）在交易的虧損上，我覺得是相對有價值的。

因為這個虧損讓我理解到「金錢跟我的關係」、「時間的重要性」、「如何把錢花得有效率」，以及生命中哪些東西對

我來說是有意義的（比如珍惜跟家人培養感情的時光）等等。

當我處於大賠的絕望狀態時，也是我目前人生中成長最快、最有動力的時候。

我覺得交易與投資「最慘的狀況」並不是超額虧損，而是「賠一大筆錢後還不知道自己發生什麼事」。既然不能扭轉過去，就更得讓這次的賠錢，產生最大的價值！如果你不反省、檢討及覺察，這次經驗就真的一點價值都不剩了。

23 歲的交易重傷後，開啟了我不斷學習與自我覺察的路，開始看許多交易心理的書、注意自己的資金與風險管理，還有調整不切實際的獲利期待等重要改變。沒有這段慘痛的經驗，我可能還繼續將就做著沒那麼喜歡的軍官工作；正是跌倒後爬起來的勇氣，讓我有信心提前賠 87 萬退伍，讓自己的生活變得更有品質，並離交易心理專家、交易心理教練這條路越來越近。

交易跟生活終究脫離不了關係，而且都需要我們不斷做出更好的選擇。想讓生活過得更好，就得從過去的傷痛與經驗中，找到改善自我的方式，使悲劇變為喜劇，把痛苦轉化成養分。

忙著追逐錢，卻不知如何放棄

2022 年下半年行情變差，交易頻率變低後，我常會自我

懷疑：「是不是我要被市場淘汰了？」有時難免會想拚命追上市場的腳步，看能不能在每段行情都跟緊一點；原本不該做、沒時間做的交易，也反而有了想跟它硬拚到底的念頭。

雖說市場一直都在，但我覺得一直都在的，好像是那顆「**過度想賺錢的心**」，我們一直學習如何賺錢，可是很少探究怎麼「放棄不必要的機會」。

就好像不懂加密貨幣，但深怕賺不到錢，也想硬軋一腳；不知道 NFT 是什麼，但擔心錯過財富自由的機會，於是先投錢再說。

「賺該賺的錢，賠該賠的錢。」這句話聽起來簡單有力，做起來卻是寸步難行，誰不想每天都賺錢，但賺錢的人，通常都是放棄那些不該賺的，接受該賠的。

仁武深忻身心科診所有篇心理宣教文章提到：「焦慮像是生活中的警報器，督促我們有所行動，以防範可能的威脅或危險。『不作為』或『無法作為』經常是導致焦慮感居高不下的原因之一。」

套用到交易的觀點來看，休息不交易的不作為，很容易讓我們對自己的交易生涯、財富自由的美夢產生焦慮感。我在新手時期總認為「**無時無刻**」都要賺錢，現在則認為能賺的時候盡量賺，但無法賺的時候，也要好好接納這個狀態，別硬跟它拚，既不符合時間效益，還**徒增許多心理負擔**。

如果你的內心老是會有「休息，會不會讓別人覺得我是否不會交易了」、「不交易，如果突然有行情沒跟上怎麼辦」等想法，我有三個建議：

一、還是可以看盤，但真的符合訊號再進場

要一個習慣交易、希望靠交易賺點錢的人不看盤，其實是很困難的；我也不希望你靠著硬性壓抑的方式，把自己的手綁起來，因為後續導致的報復性下單會讓你做出更糟糕的交易決策。

你還是可以在量縮的行情下看盤，只是要抱持著學習、研究的心態來看，像一隻可以在河岸旁觀察獵物很久的夜鷺，設定好自己的目標訊號與條件，球到好球帶再打。

二、少看別人的對帳單，多了解他人交易脈絡

當你的交易績效因為行情而趨緩時，內心一定也會很煩躁焦慮，我也會。這時候特別要留意，不要去跟別人比較，少看一些對帳單，多了解別人的脈絡。

也許你自己只賺不到 1 萬塊，看到那種可以賺好幾萬、幾十萬的人，就會覺得自己很沒用，但你要知道，你不知道對方的資金、對方在市場裡歷練比你久幾年，還有他曾虧過多少錢。

只看對帳單結果，忽略他人的交易脈絡，會讓你陷入過度

類化與自我貶低的思維當中，就很容易做出不好的交易行為
（過度交易、超額槓桿交易等）。

三、趁盤不好的時候去學習

行情不好的時候，反而是你可以好好學習的時間。畢竟行
情不好，你還在上面投入時間的效益其實是比較差的，這時候
去學一些對你有用的技術反而是有益的。像我在 2022 年下半
年成交量下降變不好做以後，就多花一點時間準備考心理研究
所，後來考上了，變成市場行情不好時最棒的禮物。

例如爛行情讓你很挫折、失控及心態炸裂，那你就可以去
學習改善交易心理的方法；或者你發現某個現有強項商品已不
適合交易，那就去開發新的商品（例如行情陷入盤整的時候，
選擇權的賣方策略可以賺取時間價值）。

最後想跟大家分享，休息並不是嘴上說不看盤，心裡卻還
七上八下、一刻不得閒。真正的休息，是一種**全然放下**的心理
狀態，並不是單純隔絕交易而已。我們需要接受一個事實：在
行情不適合自己時，自己的表現會比平常差勁許多，不用過
度苛責、批判自己，也不必受外界干擾。你會清楚知道自己
「有能力去做交易」，但選擇「暫時」不交易，並不是「放棄」
交易。

逃得了交易，逃不了自我責備

很多來交易心理諮詢的人，其實績效跟交易能力都不錯，不過大多都在經歷一兩次大賠或低潮後，整個交易績效就開始一落千丈。他們會跟我說：「鮪爸，我常虧錢，是不是個很差的交易者？」

但隨著交易心理諮詢的時間越長，我發現他們既有想法、也有積極向上的動力，只是剛好在一個不適合的位置，或是投資了不符合心理預期的商品。

我以前也是如此，遭遇挫折後開始害怕下單，不想要交易；或者報復性下單導致重賠畢業；又或是以為遠離交易、關閉下單，就可以逃離這一切令人難受的事。

殊不知，「**逃得了交易，卻逃不了自我責備**」。

自我責備的語言常是十分嚴厲、直指我們脆弱之處的：「你真的很糟糕、你辜負○○○的期待了、你的家人都要跟你一起受苦……等。」

交易頂多從早上 9 點，折磨你到下午 1 點半（不計夜盤、美股），但自我責備是你眼睛一打開就會出現的念頭，無時無刻跟著你，有時候甚至會壓得你喘不過氣、想放棄生命。如果你有這樣的狀況，要記得不是只有遠離交易而已，而是要好好地面對與整理自己。

交易只是一陣子的事情，但人生卻是一輩子的。

認真回顧你的人生與交易，其實你一點也不差。當你發現自己做事及投資失利時，不要急於否定與懷疑自己，也許你只是還沒找到一個適合的方法或工具。

以投資為例，如果你個性較急、想趕快得到答案，就不適合做長線投資，可能較適合中短線；如果你個性保守穩健，喜歡做深入的研究，有可能長線投資比較適合你。

當然這並非絕對，也可以用資產配置方式投資，重點是要了解你的個性和商品，並依照當下的心理狀態和預期，制定交易策略，提高交易計畫的執行率。

許多來問如何學投資的人，我絕不會先跟他們說哪支股票好，而是先讓他們了解自己（個性、風險耐受及目標等），再介紹不同的投資工具，看他們適合哪種標的與交易策略。

希望你在交易或生活感到十分挫折時，換個角度思考一下，也許會有更適合你的地方，你並不差，只是還沒發現那個地方而已。

痛苦跟你一陣子，但不會跟你一輩子

接近 2022 年底時看到一位資深交易者在臉書發文，說該年度是他近幾十年最難操作的一年。

看到他的文章，我內心蠻有感觸。當行情沒成交量，波動又很詭異的時候，獲利空間變小，難度變高，決策也要變得很敏銳，容錯空間小很多；而且等待行情的過程很煩悶，一直會胡思亂想，擔心受怕，甚至不敢再下單。

我想起以前念軍校一年級的生活，那時幾乎天天被罵，我一度恐懼地幻想著大學四年都會那麼痛苦，未來就任軍官也是，所以打電話給我媽說想退學不念了。只是後來經過一些自我調適與柔性勸說後，還是留了下來。

那陣子的心路歷程至今依然印象深刻，教社會心理學的老師，跟我們這些每日活在地獄的軍校一年級菜鳥說，**千萬不要低估「人的適應能力」**，你以為痛苦會持續很久，但你很快就會適應。果然，升了大學二年級以後就如魚得水了。

交易的過程好像也是這樣，每次的大虧損、連續賠錢都好像天要塌下來了，準備要放棄交易；但每每再堅持一下，又會重新找到投資的信心。

市場的循環，就是人心的循環。你未必輸在技術差人一大截，而是**內心不夠堅韌**。

許多內心不夠堅韌的交易者、投資人會遇到「不敢下單」的狀況，這也是許多人會來找我交易心理諮詢的一大原因。現在不太有這種狀況的我，試著回憶起為什麼當初會那麼不敢下單，進而聯想到現在經營交易心理自媒體時，偶爾也有類似狀

況：「不敢發文」。不敢發文和不敢下單，在某種程度上來說是類似的。

因為對自己沒有信心、對看到不如預期的結果感到痛苦與害怕，所以會不敢發文章、不敢下單，但實際上，我都只看到壞的一面，沒有想到好的一面，我的文章有可能激勵到讀者；我的下單不是只會造成虧損，也有可能會獲利、學習到經驗。

當我很認真寫或自己很滿意的文章，讀者反應沒有預期中熱烈，不免就會興起放棄分享的念頭：「我那麼努力，分享交易心理文章有幫助嗎？」不過看到一些熱情的讀者傳訊息給我回饋，說他們的交易與生活，因為我的文章產生很大的正向改變，讓我知道：「有些好的改變正在發生，只是我自己沒有發現而已。」

經營交易心理自媒體收到的正面回饋超乎預期後，我才覺察到，不能只把目光聚焦在負面結果上，而忽略其他好的影響，放棄嘗試的機會。當我開始肯定自己在交易心理剖析的專長，發現自己擅長做交易者、投資人的心理輔導時，書寫交易心理的文章更得心應手，不會一直擔心與懷疑有沒有人要看、對別人有沒有幫助。

交易也是這樣，你一直把專注力放在虧損上，很可能整天都愁眉苦臉，沒有心力研究交易資訊或做投資計畫。一旦把注意力拉回到交易帶來的**正面經驗**中，你會開始思考交易挫折帶

給你什麼**改變與成長**，學會風險管理與資金控管、了解停損與交易心理的重要性。這些正向改變，往往都得要經歷挫折後才能體會。

知道自己能夠承擔最糟的情況、漸漸適應不好的結果，並聚焦在交易過程中的正向改變，你會開始對自己有信心，更能放膽地去執行交易計畫，**產生好的交易操作循環**。

痛苦的養分，直面之後才能發現

之所以特別寫了這一章，是因為不少讀者希望我分享，自己是怎麼從虧損大賠中走出來的。其實我內心一直默默抗拒分享這段經歷，因為好不容易把這傷整理、安頓好，現在又要跑到內心深處把它拆封。

但我向來鼓勵大家透過說或寫出來的方式來放下傷痛，總不能自己卻把那部分藏得好好的，所以決定在此說說我是如何走過漫長的復原之路。

23 歲剛畢業虧掉百萬崩潰的那段時間，我每天走路魂不守舍，腦袋幾乎都在空轉，計算著我得再賺多少天文數字才行，內心只剩一股「我一定要在市場討回來」的憤慨。然而，我的故事並不像電影演的那樣，精彩地一發逆轉。相反的，大賠後的一年間，我拿每個月的薪水進到市場拚，都跟打水漂似

的,彷彿市場就鎖定我狙擊一般,怎麼投入,怎麼虧損。那時覺得自己真的快受不了,到底該怎麼辦?

幸好自己還是學心理輔導的,知道壓抑不了的狀況,一定要找人傾訴,在錢完全花光前,我決定跟太太表明一切:「我的錢拿去投資幾乎虧光了,對不起。」我太太起初愣了一下,並說:「之前就有跟你說,要控制風險,不要太貪心。」

但她溫和地接著說:「我相信你可以度過的,你不用擔心。」剎那間,我心中的大石頭放了下來,心想:「幸好在快撐不住的時候,我有說出來。」從那之後,我才真正開始振作。

我當時振作的方法主要有三:

一、 先認真把生活與經濟狀況搞好

當你已經虧損到心理崩潰的時候,建議先把部位都出掉,如同知名交易前輩自由人所說,「大賺要出金,大賠更要出金」,把錢先遠離市場,回歸到自己的生活,並嘗試看看有沒有哪裡可以多一點收入、省一點錢。

儘管你現實地盤點負債,認為拉長時間、拉下臉皮,咬牙苦撐還是有辦法償還,你還是有可能過不了心裡那關、放棄生命與自己。所以,在非常低潮的時候,找到「控制感、掌握感」很重要。從交易與投資的「資本控制」、「虧損控制」,到生活上的「正常三餐」、「順利工作」及「家庭和諧」,該吃飯

就吃飯、該睡覺就睡覺，該玩樂就玩樂、該難過就難過，把生活過得正常，交易才有辦法慢慢變得正常。

除了開源以外，節流也很重要，我會記帳，把大餐及應酬聚餐盡量減少、取消，原本對煮菜就有興趣的我，為了省餐費，也開始煮飯給家人吃，學習如何煮美味的料理，讓我的生活多了許多色彩。當我開始節流時，才深刻體會巴菲特所說的「**存一塊錢，才是賺一塊錢**」，省錢是投資報酬率 100% 的事。交易慘賠的人常會想「我是個不值得過好日子的人」，但實際上是「你只是不能過奢侈、無拘無束的日子」，縱然如此，你依然可以把每一天都過得有滋有味。

除了錢的資產配置，我覺得**心理的資產配置**也很重要。交易的心理配置主要與交易標的與風險的偏好有關，像我做的短線交易，交易風險比較高，所以我剩下的部位就是以保守的現金為主，這樣才可以平衡風險對交易心理的影響。

至於生活層面的心理配置，以日常上班族為例，可能因為現實考量，沒辦法從事自己夢想的工作與事務，那在下班時就做做沒有收益、但你有夢想、有熱忱的事，這樣才可以做到心理狀態的資產配置，使你不會疲於奔命地單純追逐金錢，或者把心思全放在投資或交易上，反把自己給壓垮。

如果你的人生目標只有錢，沒有個人自我實現感、成就感這類的心理配置，你很難在跌倒爬起來的途中不斷說服自己撐

下去。透過心理的資產配置，能讓你在快放棄的時候，還有一絲絲願意支撐下去的動力。

從小地方開始建立起生活的控制感、並做好心理的資產配置，會慢慢養成你個人的自信與成就感，讓你「相信」自己有辦法熬到負債還完。有時候別人可能會誤解你、錯誤評價你，但只有你知道自己做事情的歷程及初衷。

信念很重要，那是你能夠走到最後的資本。

二、安排容易達成的目標，減少無謂的恐懼與幻想

前面第一點算是跌倒後爬起來，從這邊開始就是爬起來往前走。讓日常生活重回正軌後，你得開始安排一些容易達成的目標，生涯（活）上的、投資上的都可以，你可以試著挑戰一個讓你加薪 1000、2000 的工作，你也可以嘗試做一些難度、波動相對低的投資（我當時交易選擇權時，是用賺賠比低、勝率高的價差單）。

就像籃球選手陷入低潮時，教練會安排一些成功率較高的動作，讓他感覺到「自我效能感」，隨著你完成生活、投資中一些較簡單的事，慢慢你就會有種「大師兄回來了」的感覺，逐漸找回自信、生活的成就感，開始能夠挑戰越來越難的事。

當你安排一些生活與交易上容易達成的目標，並在完成目標後建立一些酬賞機制，例如讓自己吃一頓平常吃不到的大

餐，讓自己產生任務完成的正增強感受，你就能增加「掌控感」、「控制感」，逐步建立自信心與自我效能感，讓你避開無謂的恐懼與幻想。

假如你因為虧損、負債等負面壓力，還是持續產生許多恐懼與幻想，你可以嘗試《交易心態原理》在「認知行為治療與壓力管理」章節裡提到的自我問句，澄清自己的非理性信念。

這些問句分別是：

- 還有其他的解釋嗎？
- 有什麼證據可以證明這種想法是正確的？
- 持續這樣想會有什麼影響？
- 最好、最糟、最實際的結果個是什麼？
- 這件事發生的可能性有多高？

透過這些句子，你可以去核對自己有哪些誇大負面信念是經不起考驗的，在搭配上設定小目標的安排，使你能用行動逐漸突破自我認知的極限，透過完成越多的任務與小目標，減緩擔憂並建立生活與交易的信心。

三、找專業人士諮商或值得信任的親友傾訴

復原的過程中，那些心理煎熬時不時會給你一記重擊，虧

損的痛苦與自我懷疑更是如影隨形，所以你得要找一個值得信任、傾訴的對象，把心裡的苦適時說出來。

否則你光是要壓抑這些痛，認知資源都被消耗殆盡，可就完全無法做出任何有生產力的事了。如果有深度的傾訴需求，建議找專業的諮商師或輔導人員談，除了舒緩你的投資傷痛，也能幫你整理心理困擾議題，雖然諮商的價格不便宜，但對投資的虧損來說應該是冰山一角。

如果真的沒辦法找專業人士，記得找的親友一定要有充足的信任感，否則當對方給你錯誤回應或是把事情洩漏出去，對你一定會是嚴重的二次傷害。

我很感謝老婆在當時一直支持著我，完全沒有對我交易的錯誤與夢想有所批判，打從內心支持我、接納我，我才能走到現在，辭掉公職做交易與交易心理自媒體等夢想。

最後想跟大家說，別看我現在能夠侃侃而談這些辛酸血淚，當初真的是痛不欲生，度日如年，因此**一定要留意「借貸槓桿」、「資金管理」跟「投資風險」**。

除了提醒大家交易的風險外，也希望大家可以珍惜人生其他美好的風景。我心裡明白，如果你要在投資過程中成長，絕對免不了重賠一次的教訓，而在挫折時我們會放大當下的難受與焦慮，把這些恐懼跟擔憂擴大想像成一輩子都會深陷其中。

事實上並非如此，**只要你願意說、願意面對，走出來的速度會比你想像中的快很多**，而且重新振作的過程裡，更會發現生活的美。在此期間，我學會珍惜家人、把握時間與學習，還能燒得一手好菜、懂得許多交易心理的知識，對人生價值觀、金錢觀也有更加成熟的體悟。

　　這一切的美好，都要等你**願意走上復原之路**，才能看見。希望你也能跟我一樣，從投資與交易的重大心理挫折中走出來，並過得比以前更好。

❤珍惜生命，自殺不能解決問題，生命一定可以找到出路；若需諮商或相關協助可撥生命線專線「1995」、張老師服務專線「1980」或衛福部安心專線「1925」。

CHAPTER 14

活用心理技巧，
改善交易狀態

把「虧損」定義成「交易失敗」，你追求的就只會是「安全」；把「亂操作」定義成「交易失敗」，你追求的就會是「交易執行力」與「一致性」。**交易行為的正向改變，從「心理設定」開始。**

懂得設定目標，是改善交易心理的起點

多數人在交易上的心理挫折，都來自於「交易結果」與「心理預期」的不一致。簡單說，就是沒有在交易之前設定正確的心理目標，導致交易過程只有感受到心裡不舒服，而沒有成就感。

《心理學博士的深度交易課》提到。交易者應該關注的是「**過程型目標**」，而非「結果型目標」。舉凡一天要賺多少錢、一年報酬率幾個百分點等，都是結果型目標；而過程型目標則是專注在**提升個人的投資知識、執行力等交易程序及能力**。

　　交易者與投資人對結果型目標幾乎**沒有控制能力**，當市場表現出來的狀態不符合你的結果型目標時，你可能會為了特定結果而過度交易，或改變原有的計畫，承擔超過個人負荷的風險值，使你遭受極端負面的交易結果，更有可能對你產生交易心理上的影響與威脅。

　　當決定好交易目標設定的種類後，會進到更細部的心理目標設定，心理學家愛德溫・洛克（Edwin Locke）曾提出目標設定理論（goal-setting theory），認為好的目標該有五個要件：

一、明確（Clarity）

　　顧名思義，在交易的目標設定上，不能是一個很廣泛的目標，例如我想透過交易賺 1 千萬，但沒有把花多久時間、透過什麼方法、用多少資金等方式具體列出來，這會導致你的目標很難維持與執行。

　　所以在設定目標的第一步，你就要明確地把相關交易元素都考慮到目標裡面。你可以設定在 6 年內想要用 **100 萬的資金**，透過**波段選股投資**的方式，讓資產成長到 200 萬，而想達

到這個條件，每年大概需要 12% 的**年化報酬率**。

透過這樣明確目標的設定，就可以再從 12% 的年化報酬率，去規劃自己要挑選的類股、可以承擔的風險等等，讓自己的交易有明確的框架與執行方針，**減少投資的心理模糊空間**。

二、有挑戰性（Challenge）

目標也需要具有一定程度的挑戰性，如果你設定的投資與交易目標只有年化報酬率 2%，可能跟長年期的定存，或是一些風險較低的投資工具相比，沒有太多差異，你就不會花太多心力在經營你的投資或交易上，因為這個目標的挑戰性太低。

但要特別留意，不要為了設定有挑戰性的目標，就想透過高槓桿的交易工具（期貨、選擇權等），快速達到財富翻倍。通常這樣的下場都是早早被市場淘汰，甚至背上許多負債。

設定一個合理的目標，跟你個人的心理脈絡也有很大關聯性，當你有成就或金錢上的焦慮，你就容易把目標設得高不可攀，讓自己疲於奔命地去追逐財富，到最後可能財富、生活兩頭空；而當你對自己較沒自信時，你可能又會設定一個太容易達到的目標，讓你在完成目標回頭看時，感到無力與受挫。

三、能給予反饋（Feedback）

想要不斷進步，你的目標必須是能被適時檢討與反饋的，

如果你的目標只是粗略的「不再害怕下單」，這其實很難在交易的過程中與結束時，好好去整理與反思。

你可以用一個比較量化的方式，例如：當交易訊號出現時，至少有 40% 的機會我要把握住下單。當你先用這種方式訂定目標後，下一個目標就可以再設定 50%、60%，使你能有機會感受到自己的成長與回饋。

交易中的正向回饋對心理面是很重要的，如同第 11 章提到的正向增強，每次達到目標，那就是一次正向增強，讓你更能聚焦在正確的交易行為，並增加交易信心。

四、具有承諾（Commitment）

信念，是交易中一項重要但鮮少被人提及的重要心理元素，一個具有承諾的目標，會跟你的信念相互連結。

長期投資指數型基金是一個很好的例子，其中的核心信念是相信整體社會的生產力會使金融環境越來越好，所以指數型基金在採納市值較高的成分股後，整體價值在長時間是有很高的機率會上漲的。

如果你對這類型的目標抱持著承諾與信念，你就會被這個目標所吸引，不會被持有過程中的短線因素所干擾，而是堅定地持有並不斷地投入；但當你的心理不夠堅定、耐心不足時，很容易會讓你所有的努力一夕化為烏有。

五、適當複雜性（Task Complexity）

最後一個目標的設定要點，是要限制目標的複雜性。假如一個目標過於複雜，你很容易在心理上對這個目標產生倦怠感，會不斷拖延，導致理想很豐滿但現實很骨感的情況發生。

複雜的技術指標是常見的例子，有些人會過度追求完美、複雜的型態與指標，想要同時滿足多個指標的結果，就是常常錯過進場點、出場點，也會因為搞得太過複雜，而失去持續研究與追蹤的心理動力。

當你把握以上設定心理目標的技巧後，相信就能降低交易時的壓力，增加交易過程的成就感與信心，建立起正向的交易心理循環，讓你的投資與交易不再充滿挫折。

交易壓力管理，如何進行？

交易要管理許多現實層面的東西，例如資金、金融資訊、投資標的等等，但有一個很重要的元素常常被投資人忽略，那就是管理「交易壓力」。

從心理輔導的角度來看，壓力並不完全是有害的，壓力是促使我們進步的動力之一，有壓力我們才能夠去完成一些應該做但遲遲未做的事。交易中的壓力，則是要敦促我們保持穩定

的獲利與貫徹始終的執行力，降低交易中的虧損與失誤。

我們可以看到許多退出市場的投資人與交易者，都是經不起交易壓力的考驗，所以紛紛退出市場，或是做出一些離譜的交易行為。如果你的心理素質足夠成熟，交易壓力管控得當，勢必能夠在交易市場中占有一席之地。這裡跟你分享三個管理交易壓力的實用方法：

一、遠離交易壓力源

找到自己的交易壓力源，對交易壓力管理來說很重要。有些人的交易壓力來自 1 個月要賺多少錢，有些人則是 1 個月不能虧到多少錢，也有人是要在某個時間內學習到交易的能力。

舉例來說，及時的盤中損益，是一個常見的交易壓力源，當你當天的第一筆交易是虧損的，很容易會對你產生巨大心理影響，進而干擾到當天後續的交易。我遇到許多來交易心理諮詢的夥伴，都有這方面的問題，只要當天先碰上虧損，後面的操作常常都會失控。

遇到這樣的狀況，最直接的辦法，就是遠離交易的壓力源，直接先把螢幕關起來，起來走走，或是隔天再交易都沒關係，當你覺察到當下的負面情緒已經使你瀕臨崩潰，直接遠離交易壓力源是個很實用的方法。

不要想著離開盤面會讓你少賺多少，而是要想著，結束當

下糟糕的交易情緒，可以讓你少賠多少。從這角度思考，會讓你更願意暫停交易去休息，**轉移對負面交易結果的注意力**。

二、測試自己能承受的交易心理範圍

剛開始投資或投資遭遇亂流時，可以先準備一筆數十萬以內的金額，用不同的比例下單看看，看自己對什麼樣的損益波動會感到比較敏感或覺得內心難受。有些人可能帳面虧 1 萬就覺得痛苦難耐，有些人則是帳面虧 10 萬內心還能游刃有餘。

先界定出自己能夠承受的交易心理範圍，可以用量化的方式來管理自己的交易心理壓力，大部分的交易者心理壓力都來自於虧損，所以透過管理虧損的波動，可以把交易的心理壓力限縮在特定的範圍內，減少因壓力而產生的負面情緒。

三、區分可控及不可控因素

交易的壓力是無法避免的，我們只能透過管理，來做到壓力的緩衝與轉化，但很難完全讓交易壓力消失在交易者的生活之中。所以交易者對於壓力管理的首要任務，是要先區分這個壓力是**可控還是不可控**的。

通常要賺到多少獲利，是我們沒有辦法控制的，因為市場的波動、參與者等種種因素，我們沒辦法聚焦在這種結果型的目標上，投資人與交易者能做的，主要是設定自己能夠虧損的

上限值，把最大風險限縮在某個可以接受的範圍。

　　為什麼有些人的交易壓力過大，因為他們常常會**把不可控的因素當作是可控的因素**，把太多不確定性攬在自己身上，卻又苦苦找不到解決的方法，所以產生偌大的心理壓力，殊不知這個壓力本來就不應該屬於自己。

把交易的傷痛說、寫出來，有助自我療癒

　　退伍那年夏天，帶我媽去墾丁旅遊，旅程某天凌晨相約一起去看日出，在等待太陽升起的過程中，聊了許多心事。鮪媽說：「我有看你的粉絲專頁，你說幾年前虧了 100 萬以上，怎麼都沒有跟我說？」我趕緊回答：「那時候怕妳擔心，所以不敢跟妳說，而且說了，對我的交易心理壓力更大。」

　　我媽很厲害，當時就感覺到我變得怪怪的，變得不太大方，承諾的事也開始反反覆覆，感覺跟我爸以前投資虧錢的樣子有點像。但我那時候，很怕再給我媽「交易股票還是落得跟老爸以前一樣淒慘」的感覺，所以選擇不說。

　　於是好幾年來跟我媽相處時，我常打腫臉充胖子，怕被擔心因交易大賠過得不好，所以請吃好料、送大禮都沒有少。

　　這是我媽需要的嗎？這是我想要的嗎？

　　都不是！我媽只希望我能過得順利、平安，而我則想要節

省資本；但我還是因為怕被擔心，產生了許多無謂甚至有害的過度補償心理和行為。

所以，想從交易的傷痛中走出，你得試著跟你所在意的人對話、傾訴，**核對彼此的期待**，並為自己的錯誤負起責任。當你跟重要的親友，妥善地告解交易傷痛時，就是你開始放下虧損挫折的第一步。

我當初走出大額虧損的關鍵轉捩點，就是「跟太太告解交易的重大虧損」。

告解後，我終於停止一直想借錢拚回來粉飾太平的念頭，避開越攤越貧的慘劇。也是在跟老婆傾訴之後，我才開始務實地盤點自己的資產，一步一步改善財務與交易狀況。或許是平常鼓勵大家說出來自己的困擾，也才讓我更有勇氣，終於在跟母親、老婆談心時，能談論過往虧損問題，讓心理的金錢焦慮得以釋懷，調適好心理狀態。

前面講過很多次，心理狀態很重要，但要如何覺察跟改善呢？我十分建議用「說」或「寫」的方式。你可能會想問：「怎麼可能靠說跟寫就改善呢？」我在當心輔官時也碰上很多人有這個疑問：「這麼痛苦，哪有可能找心輔官說說就好？」

我在寫作時也常懷疑：「只是寫寫，怎麼會有幫助？」但隨著說與寫的行動，我開始有些改變。

跟大家分享我第一次受邀錄 Podcast 的經驗。那是我第一

次受邀到錄音室分享我的心路歷程，錄音前，我準備了一些制式的訪談內容，原本只想公式化地把對答講完，但在錄音對談的過程，我不斷地說，腦中也自然而然地自我覺察，最後講出許多我原本想都沒想過卻十分值得省思的事情，甚至把一些放不下的過去也試著說了出來。

這讓我十分訝異，過往我不太喜歡讓太多人知道自己的想法，生怕自己還沒準備好就讓別人看到、評價，但隨著說出來的過程才發現，我放下了，甚至透過說的過程，產生了面對難題的勇氣。

所以我鼓勵大家，試著把交易、生活中的東西寫下來、說出來，也許是寫在社群，或是私人社團、群組。在交易技巧與想法的成長方面，我的成長都是來自於把交易過程跟檢討「寫」下來，寫在自己創立的個人臉書社團，或是幾個志同道合的投資群組中，讓我可以更客觀及詳細地整理我自己的交易心理與投資想法。把所有交易的想法、反思都放在裡面，只要平常一有靈感，就可以記錄，時間久了，你就會累積出一套邏輯與許多好的交易想法。

交易挫折的復原方面，我則是透過跟太太「對話」。早期有陣子交易不順時，很不喜歡跟別人說話，覺得旁人隨時都會觸動到我的敏感神經，害怕別人會感覺出自己交易做得很差勁，交易的「虧損」與「挫折」絕對是我那時心裡最軟的一

塊。直到跟太太坦承交易狀況不如預期，心中的大石頭才放了下來，也漸漸可以接納自己還不夠好這件事，讓自我否定與質疑找到地方宣洩。

「不是知道了才說，而是說了才知道」、「不是知道了才寫，而是寫了才知道」。事實上，說出來、寫下來，是幫助我們啟動認知再評估（cognitive reappraisal）的能力，並對過往的負面經驗有新的詮釋，讓我們能夠在較高壓的環境中，增加對壓力事件的情緒調控能力（emotional regulation），這使我們面對交易時，能增加自我肯定的正面情緒，與減少遭遇虧損等挫折時的負面情緒。

與其悶聲不吭、絞盡腦汁地想，不如把想法透過語言與文字呈現，使自己能更細膩地處理交易中的心情。讓我們去接納、整理與覺察生活與交易中的痛苦與不愉快，也學會把每日快樂及珍貴的當下記錄下來，刻在心裡。祝福大家都能培養足夠的勇氣，好好面對交易挫折、虧損對你造成的心理困擾，並跟重要他人傾訴。

重大虧損後有心魔，該如何克服？

有許多人留言、私訊給我，因為重大虧損後，產生許多交易心理問題，有些人會為了彌補虧損而容易過度交易或放大槓

桿，也有些人會害怕下單，無法按下交易按鈕。其實會有這些狀況都是正常的。

　　儘管我花了很多時間自我整理、調整心態，但偶爾還是難敵大腦那原始的損失趨避傾向，在下單時產生抗拒、焦慮，還會在虧損後不斷自我懷疑。要處理這交易心魔的第一步，是要「自我覺察」，覺察的過程需要先放下你對交易的自尊，靜下心來反省為什麼會虧損，還有虧損後你變得如何？會不會容易過度敏感，下單時畏首畏尾？

　　當你發現自己的狀態不對勁，該下單的時候按不下去，不該停損的時候老早停損，甚至意識到部位常常一下子就押滿拚輸贏時，恭喜你！「發現」就是改善的開始。至於如何處理焦慮，我想從心理學的行為學派提供兩個改善方法：

一、情緒洪水法（emotional flooding）：

　　將焦慮、恐懼或不愉快刺激，經由「刻意安排」，透過想像或實際體驗，漸進式地使當事人重複或暴露在逐漸升高的制約刺激下，藉由「增高」當事人焦慮的情境，促使其降低焦慮的程度（因為恐懼、焦慮的閾值提高了）。

　　這種做法的原理就是你害怕虧錢，所以我就重複地讓你感受虧錢的感覺（而且是虧大錢），當你越常虧錢、越虧越多，暴露、沉浸在虧一堆錢的感受中時，就不會那麼焦慮了。這也

是為什麼德國股神科斯托蘭尼會說：「一名證券投機家如果一生沒有至少破產兩次，就稱不上投機家。」

　　要使用這個方法前請特別注意！**建議有充分心理準備的人才能使用**，雖然情緒洪水法的效果較立即，但因為「現實的成本」、「心理接受度」對你來說可能門檻太高，一個處理不好導致破產或大賠，可能反而讓你心理崩潰。

二、系統減敏感法（systematic desensitization）

　　透過系統性的規劃，讓當事人在（肌肉）放鬆的情況下，接觸引發輕微焦慮的情境數秒，透過放鬆與焦慮反應無法並存的機制，來制伏焦慮反應。此後以相同方法循序漸進，讓當事人逐步克服焦慮的問題。這種方式就是讓你慢慢增加對虧錢的適應能力，而且是在安全且放鬆的情況下（這是此法與情緒洪水法的主要差異）。

　　「用心虧錢」很重要，許多交易與投資的新手，一開始就用太多資金去交易，導致一天虧損幾萬到幾十萬，內心無法負荷這麼大的損益波動。

　　當你在內心準備好的情況下，去虧一筆小錢（假設 10 萬），透過這筆安然虧小錢的經驗，完成學習遷移，日後就能讓自己承受更高額（可能 20 萬）的波動。

這兩種方法都能夠改善虧損焦慮，洪水法很痛但效果較快，系統減敏感法較溫和但效果較慢、不深刻。不論使用哪個方法都好，但你的心理狀態必須得調整好，否則用對了方法，但你沒準備好，效果仍會大打折扣。

交易前輩自由人曾有句關於虧損的名言：「虧過 100 萬，你就能賺 300 萬。」這代表交易心理的肌肉得靠酸痛（虧損）不斷地鍛鍊，短線交易是如此，長線也是一樣，你要撐得過現在，才不會錯過下一次的大漲。

怕虧損，那就損損看

為什麼很多投資人、交易者會選擇攤平、凹單？明明大家在學習交易的時候，都知道不理性的攤平、凹單是大忌，卻還是在虧損的時候，忍不住一凹再凹。

攤平及凹單，表示交易者、投資人畏懼「虧損」的後果。處理攤平的負面行為，就是在處理「害怕虧損」的心理狀態。

大部分的人在虧損時，都會聚焦在「金錢焦慮」、「成就焦慮」（低自我認同）等因素。因為做了「賠錢」＝「窮一輩子」、「沒成就」的心理連結，所以不想去承認虧損這件事，希望拖延一陣子，看看奇蹟會不會出現，讓自己不用被貼上「我沒錢、沒成就很糟糕」的標籤。

但沒辦法每次都那麼幸運地凹成功，當凹不過去的那次，通常都會是把自己徹底擊潰，甚至無法在短時間內回到市場中。在檢討交易訊號、交易結果的過程中，我們也不妨回頭看看這些不當的攤平或凹單，反映的是你哪個部分的心理預期，澄清之後，才有助於你更快速、有效地改善。

　　如果你還沒辦法有效覺察自己虧損的原因，這裡想跟大家分享一個心理學方法：「矛盾意向法」（paradoxical intention），矛盾意向法是存在主義治療取向中重要的治療技巧之一，它不強調抹去造成困擾的行為，而是有意識地去放大它。

　　例如當一個人失眠的時候，腦中可能絞盡腦汁想辦法要睡著；但如果用「矛盾意向法」的觀點來看，你反過來強迫自己要醒著，可能會讓你更容易進入睡眠的狀況。

　　套用到怕停損而攤平、凹單的狀況來看，你把目標設定，從「不實現賠錢」轉變為「實現賠錢」，你反而會覺得實現虧損不是一件那麼可怕的事，而實際發生虧損時你也能發現，自己對虧損的害怕程度，其實並不如你「想像」的那麼高。

你怎麼相信，就會達到什麼成就

　　《交易，創造自己的聖杯》作者凡‧沙普博士在與許多交易員共事後發現，表現很好的交易員都有一個共同的特色：「在

交易之前，就已經相信自己會獲得好的交易結果。」

　　這樣的正向自證預言（self-fulfilling prophecy），在心理學裡被稱為「畢馬龍效應」（Pygmalion effect）。畢馬龍是古希臘神話中賽普勒斯的國王，他雕刻了一尊美麗的少女雕像，過程中，他不斷跟雕像說：「妳真的好美、美到讓我想跟你在一起。」每次看到雕像就說，不厭其煩地說，最後這行為感動了掌管愛情女神阿芙蘿黛蒂，將雕像化做了真人。

　　這故事後來被引用為心理學的畢馬龍效應：「你越相信自己能做好，你就會越做越好。」在生活中的目標是如此，交易中也是如此。

　　有時好的結果來得很慢，你能做的，就是不斷在市場或生活中想辦法生存下來，直到苦盡甘來。當現實無法及時給你回饋，你能做的，就是在內心不斷告訴自己：「我做得到！」

　　對應到本章前面提到的目標設定，一個有**承諾性**的心理目標，通常能夠給你較高的心理期待，讓你可以在遇到挫折時仍不放棄，秉持著信念有耐心地重複做著你認為對的事情。

　　除了堅定相信自己以外，你怎麼看待交易的結果，對你的交易信心也是十分重要的。對自我認同較低的人，通常遇到不如預期的交易結果時，常常會慣性地貶低自己：「你真的不適合做交易，能力這麼差，早晚都會賠錢。」

　　長期投資與交易獲利之所以不容易，並不一定是投資人或

交易者的基本能力不足，而是對自己沒有信心，長期用負面的語言說服自己：「我還不夠好、我應該沒辦法做到。」當你每天都用類似的話語說服自己，久而久之，你會開始對自己的交易不抱信心，並懷疑自己所有的交易決策。

　　如果你能夠運用畢馬龍效應，相信自己能夠把交易與投資做好，並在每次交易後都用正面的態度看待交易結果，會讓你較容易維持交易的信心，即使面對接連不斷的挫折，依然能保持耐心，客觀看待市場並確實執行交易計畫。

投資心理室 Podcast

如何面對交易失敗，不再因交易挫折難受（feat. 陳家正諮商心理師）

本集會告訴你：如何從大賠中重建交易與生活的信心，包括怎麼調適自己交易失敗的心情、以及如何去面對交易失敗。

◆ 網址→ https://pse.is/4uvdr6

CHAPTER 15 ────────

讓專業幫你一把，
穿過投資與生活的撞牆期

────────

紀錄片《體壇祕話：爆發點》（*Untold: Breaking Point*）介紹了美國網球好手馬爾迪・費許（Mardy Fish），為了維持美國網球好手的頭銜，保住美國的網球榮耀，承擔過多的心理壓力，最後出現了嚴重心理問題的故事。我們常常只看到頂尖運動員光鮮亮麗的一面，殊不知，失敗、輸球也是他們的家常便飯；然而比起勝利，輸球跟失敗是幾乎不被允許的。

心理困擾是一生的課題

馬爾迪・費許身處的時代，是美國稱霸網壇多年後的衰退期，他與安迪・羅迪克 （Andy Roddick）需肩負起重振美國網

壇的使命。儘管他曾排名美國第一，但仍離稱霸網壇還有一段距離。這樣的境況，也讓他產生前所未有的焦慮與自我懷疑。

正當全美球迷期待他與頂尖選手羅傑‧費德勒（Roger Federer），在 2012 年美國網球公開賽決一死戰時，費許卻因心理因素宣布退賽。退賽後，他默默接受心理諮商與心理治療，長達數年。

當他公開處理心理疾病的過程後，為許多運動員帶來了內心的鼓勵與勇氣，去面對心理面的職業傷害。片中讓我印象最深刻的，是他在最後一幕敘述他跟身心科醫師的對話，他說：「我等不及要變好，並把這些事情拋諸於腦後。」醫師卻告訴他：「這會跟著你一輩子。」

8 年時間過去，他依然受這些心理因素干擾，但他已能有自信地說：「對抗焦慮症，是一場每天都要面對的戰役，而我每天都贏了！」我們都想要完全消滅不好的感受，但實際上，當你**接受這些情緒的存在**以後，它們反而就再也不會嚴重影響你的生活。

看到這一幕，我內心不只感動，也有很多感觸。其實我面對交易的心理困擾也差不多 5、6 年了，時不時都要提醒自己「你最近的虧損，並不是代表你是個很糟的人」、「沒有賺大錢，不代表無法帶給家人幸福」、「你跟爸爸不同，別再想填補他無法給的東西」……等。

儘管我已是個有 5 年以上心理輔導經驗的專業助人工作者，還是沒辦法完全把這些干擾交易的雜念，從心裡和記憶中移除。我所能做的，就是在它們出現時，「把它調小聲一點，小聲到不會影響到我」，透過提升交易與生活的**可控制感**，我已經覺察到，自己能夠把這些自我懷疑的聲音降到最低。

　　每個人都有不同的生長脈絡，連帶產生不一樣的心理議題與困擾，這些都會干擾你的交易與生活。當你透過壓抑的方式，把它埋在你的內心底層，就會像馬爾迪一樣，在關鍵時刻（世界大賽）因壓不住負面情緒而爆發斷線。

　　交易者跟運動員很像，得消化許多內心壓力，而且這些壓力會如影隨形地陪伴著你。如果你能降低無謂的期待，與你的心魔共存，你就能把壓力化成進步的助力。

　　當你真的沒辦法靠自己對抗這些壓力時，最好的方法是尋求專業，讓專業人士用豐富的經驗與知識快速且有效地引導你。

什麼是交易心理教練？

　　心理學家布瑞特・史丁巴格博士（Brett Steenbarger）在其著作《交易者的 101 堂心理訓練課》（*The Daily Trading Coach*）裡提到，心理治療是要「**安慰受折磨者，折磨覺得安逸的人**」，這是作者從事心理治療多年來的心得，他也把這個原則運用到

交易者的輔導與訓練上。

　　我十分同意他的看法，因為大家對心理治療、心理輔導的想法多半是取得安慰或建議，但實際上，更多的是引導、激發你去思考、行動，交易心理教練的角色主要是運用心理輔導及心理學的知識，協助交易者、投資人去「增加交易與投資時的情緒調節能力」、「學習辨識與覺察心理狀態」、「提升決策品質與挫折復原力」等。從心理學的角度來看，我認為交易心理教練的價值在於：

一、協助避免認知偏誤，躲避心理陷阱

　　本書第 5 章有提到常見的交易認知偏誤，例如確認偏誤、過度自信及損失趨避等等，交易者與投資人在操作的當下，其實很難透過後設認知（metacognition）去思考自己的認知，甚至在事後也很難對自己交易過程的認知去做分析。

　　而交易心理教練在這個過程，可以協助你避開常見的心理偏誤，讓你在交易時可以主動覺察到有哪些習慣性的非理性思維，正在干擾你的交易決策，有效提升你的決策品質。

二、提供心理支持，避免被市場淘汰

　　交易與投資其實都是很孤獨的，只有你一個人做投資與交易的決策，只有你一個人獨自承擔虧損與獲利的成敗，想要靠

投資與交易作為獲利的主要來源，就像是創業一樣，你得一肩扛起風險與管理的責任，幾乎沒有人能夠為你分擔。

如果過程順風順水，當然沒有什麼心理壓力，但偏偏投資與交易的過程充滿不確定性，金融市場行情不如預期的情況可能長達幾個月到幾年，這時候你會很需要一個強大的心理後盾陪伴著你。

交易前輩自由人在他的影片中說，與其說他教那些年輕的成功交易者技巧，不如說他是它們的「心靈導師」，通常學徒們遇到交易心理挫折的時候，都會找自由人聊天吐苦水，抒發負面心情。

在金融市場中，長久活著，比短時間賺大錢還來得重要，而長久存活的關鍵，除了要有足夠的本金與能力以外，心理彈性與挫折復原力是非常重要的，才有辦法讓你度過一次又一次的低潮。

三、提升交易信心、聚焦優勢經驗，研擬適合個性的交易策略

習慣性自我否定的人，或是已經被交易虧損與挫折擊潰到習得無助（learned helplessness）*者，比較難提高自己的交易信

---

* 習得無助：指個體面對挑戰情境時的一種消極心態，縱使輕易成功的機會擺在面前也缺乏嘗試的勇氣。習得無助感是個人因長期處於失敗及挫折情境中，面對衝突及壓力無法解決，而以逃避心態去面對問題，形成逃避失敗的習慣。

心，很容易只看到自己不好的部分，時常陷在自責之中，沒辦法找到在交易過程找到自己的優勢與正向經驗。

交易心理教練可以用較客觀的角度幫交易者、投資人找到交易的心理優勢，研擬可行且適合你個性的交易方案與策略，以習慣性自我否定的交易者為例，可能會先設計一些小資金、勝率偏高的策略，讓他在這個策略中取得自信，形成自我肯定的循環與提升交易信心後，再讓他慢慢放大資金，做勝率相對低、期望值較高的策略。

四、釐清過去經驗對交易心理的干擾

許多偏差的交易行為未必是自己的能力不足，而是受限於過去不好的經驗中，例如有些人因為有金錢焦慮，太渴望賺錢，常會在一開盤資訊都還不清楚時貿然進場，這時候，交易心理教練就可以協助他發現，原來是自己過往對金錢的不安全感與焦慮，讓他產生這樣的行為。

在釐清過去經驗的過程中，交易者與投資人也能透過交易心理教練的引導，對自我有更多的探索，這不僅對交易來說是重要的，對你的人生來說更是寶貴的。許多人即使到了 18 歲成年或成家後，對自己依然不夠了解，所以在生命中可能會做很多不適合自己的決定。

透過專業人士的引導，可以看見過去經驗對自己造成哪些

影響，並整理現有的資源與心理優勢，聚焦更符合自己的未來。

受到交易心理困擾的小穎（化名），在來參加交易心理課程前，受人際關係與交易決策困擾蠻長一段時間。在人際關係上，他較缺乏建立心理界線、處理人際關係的技巧，只會很兩極地回應「要或不要」、「想或不想」、「行或不行」，很容易因此跟人起衝突，無法果斷地表達自己的想法；面對到說不出口的人（例如父母、主管），則會處於時刻忍耐但內心很生氣的狀態，直到忍到心理受不了，就會跟對方發生嚴重衝突。

而他的交易，正好跟他處理關係的態度非常相似，一直凹單賠錢，賠到虧損讓自己無法忍受才願意砍單止損，等到他受不了去停損的時候，才發現虧損金額已經多到自己無法接受了。除了交易無法果斷停損外，他對自己的交易框架、邏輯也是比較模糊的，跟他處理關係的樣子一致。

他常會莫名變換交易方式，一下想抓突破、一下又想逆勢凹單，不斷變來變去，讓他的交易找不到一致性，內心感受到恐慌，於是報名參加了交易心理成長課程。在課程中，小穎從一開始不太敢說出自己的狀況，到經過講師引導後，開始整合自己心理議題與投資策略的關係。

在交易心理成長課程的「生命曲線」單元裡，他試著找出一些生命中的重要經驗，釐清這些經驗對他產生的相似性心理困擾，並蔓延到交易之中；而在「個人心理與交易策略展示」

單元中，他開始把生命曲線裡發現的心理模式，套入到自己的交易策略中剖析，才發現自己在生活、人際關係中的心理模糊，也發生在交易中。

他在課後回饋：「現在對自己交易的模式和停損，比較沒有像之前那麼模模糊糊的，這幫助到我很多，目前還在摸索和適應，怎麼樣是自己覺得砍得比較舒服的停損（常會砍得不好或很驚嚇就亂砍），還有交易一致性的提升。」

最讓我訝異的是，小穎課後次月貼出 12 月的對帳單給我看，他說「12 月雖然賺不多，但對比 11 月動不動就爆賠，真的很感動啊！下定決心改變自己是很值得的事情，雖然真的很辛苦，我還有很長的路要走，謝謝你們悉心的指導，非常受用」、「我相信我的信心和自我效能感，會隨著時間慢慢長出來，期待過段時間再回頭來看我們現在這些討論，那時我已經在處理更高維度的問題了」。

我看到小穎的對帳單蠻驚喜的，上面竟然已沒有大賠的交易，他是個很認真的人，上課做很多筆記，課後也不乏討論。除了獲利與零大賠以外，更讓我感動的是，從他對話的談吐與反應來看，我發現他已經開始慢慢有自信、懂得建立界線，還知道開始關心自己的感受，以及多愛自己一點。

史丁巴格博士告訴我們：「人們聘請訓練師或教練，是把個人發展程序轉變為人際間的程序。當我們與別人一起追求某

個目標時，通常會強化自己努力的動機。」向某人承諾做出改變，增強自己進行改變的動機，我認為這是交易心理教練最大的價值所在，也能夠在投資人、交易者遇到交易心理挫折時，給予及時的心理支持與反饋！

取得矯正性情緒經驗

美國影集《金融戰爭》（*Billions*）裡，AXE 對沖基金的交易心理輔導專家溫蒂跟頂尖交易員老闆說過一段話：「**你只想我幫你治療賺錢部分的人格，但這跟你生活其他面向是緊密相連的。**」

我想起許多來諮詢的人，大多已有一定的投資想法，有些人甚至很優秀，交易邏輯、思路都很清楚，也知道金融市場如何運行，了解交易的本質。

但他們為什麼還要來找我交易諮詢呢？

因為有的時候，你需要人扶你一把，陪你走一段路，提醒你一聲：「你可以的，之前都能做得好，別被這次的失敗交易嚇跑！」我能做的，並不是教你高深莫測的交易學問，而是幫你看見、釐清那些牽絆你的非理性認知，還有喚醒你沒看見、能使你成功的心理動力。

就像影集中的交易心理教練溫蒂一樣，她甚至連交易的知

識都不太了解，但她最有價值的地方，就是看見這些交易員的心理特質，為他們賦能、提升自我效能感。

《交易者的 101 堂心理訓練課》作者史丁巴格博士也坦承，「當我與避險基金等機構的專業交易人工作時，我不會告訴他們如何進行交易，他們對市場的了解程度，顯然遠超過我」、「可是，我能察覺他們的長處，體會這些交易者能做好的工作，以及他們如何做好」。

想要做好交易很困難，你可以在腦中回憶你過往減肥多次的經驗，是否幾乎都以失敗收場？然而減肥只是跟自己的戰爭，交易還得要承受市場給你的現實與心理衝擊。

那要如何透過交易心理教練，來改善投資與交易的心理素質和狀態呢？

史丁巴格博士提到：「治療程序的成敗，關鍵在於情緒經驗發生重大變化。」這裡的治療指的是心理治療，跟交易進步的過程相像，因為交易也是一種優化自我的過程。

快樂與痛苦是最常見的情緒經驗，你可以把它們視為一種加權。當快樂時，產生一個正向經驗（正加權），強化某個正當行為；而痛苦時，產生一個負向經驗（負加權），削弱某個正當行為。

雖然不能一概而論，但簡言之，你必須為正確的交易行為創造好的情緒經驗，讓正確交易行為在你腦中產生「基模」

（schema）。基模可以幫你創造一個快速的連結，像一個技能包一樣，刺激（訊號）出現時，就能做出對應的反應，盤感好的交易大神，勢必內建許多好的交易基模。

回到交易心理諮詢與心理輔導來看，過往我在心理輔導個案時，他們內心對特定心緒困擾其實已有答案，只是不敢去嘗試，或沒有人在旁扶一把。如果你的內心也有股不確定跟徬徨，可以找個值得信任的人，讓他陪你走一段路，嘗試你心中的答案。當你找到答案時，你就會獲得一個「矯正性情緒經驗」。

什麼是矯正性情緒經驗（corrective emotional experience）？

這種經驗通常發生在諮商或輔導室裡。當你在諮商與輔導過程中覺察到負面經驗，輔導者運用諮商技術，讓你學習如何與負面經驗相處，透過探索與引導來改變舊有觀點、加以接納，讓你產生新的經驗與體會，像是突然有種「啊哈」、「喔～」的啟發，這個過程就會讓你得到「矯正性情緒經驗」。

以我的交易歷程與心理來說，一開始我的負面交易行為，來自過去的心理議題，我想要靠交易，扭轉過去父親投資失利給我的感受，再加上想透過交易來創造不合理期待的財富。我如果在被諮商或輔導過程中覺察到這些，試著了解、接納，並且改變，就會獲得一個關於交易的矯正性情緒經驗。

類似體驗也可能透過其他途徑產生，比如你透過文章或

我的分享覺察到自己的負面經驗後（如果覺察到是正向的經驗，則繼續維持），試著在生活中實踐，並調整自己的認知、情緒與行為，當覺察與調整順利，就有可能獲得「矯正性情緒經驗」。

你可能會好奇，獲得這經驗要做什麼呢？又有什麼用處？

每當交易負面狀態出現時，這個新的經驗就會提醒你：「困擾心理議題已經被處理，我可以用調整後的方式應對。」再以上述例子來看，如果舊有經驗害我「為了證明自己而死不停損」，在我獲得矯正性情緒經驗後，就能在打算死不停損時，有所覺察而做出調整：「我不想賣似乎不是為了符合交易邏輯，而是為了面子！」「我應該在這個設定好的停損點賣出！」

當然，不可能每次都能夠成功，一定還是會有失敗的時候，就像減肥、健身一樣，你得無時無刻提醒自己：「那個阻礙出現了，不過我已經學會怎麼與它相處。」大部分人的解法都是壓抑、把它丟到內心深處封起來，但市場是一面可怕的照妖鏡，如果你有較偏差的心理狀態，都會反映在交易行為上，潛意識、前意識還有創傷等，都會驅動你的交易負面認知、情緒及行為。

投資、交易的偏差行為、認知和情緒，與你的心理議題和狀態密切相關，我期待有緣閱讀本書的讀者們，可以透過文章

或分享的內容，跟你的交易、過去經驗做連結，好的部分維持下去，負面的可以被處理、接納，透過獲得矯正性情緒經驗，讓交易與生活變得更好！

為什麼交易心理教練不該給投資建議？

當跌到讓人懷疑人生的行情出現時，勢必許多人正滿心恐懼，拚了命要在海嘯來時，找到一塊可以抓的浮木，所以到處求神問卜、找明牌，看有沒有大師解盤，可以精準抓到行情轉折，救眾生脫離水深火熱。

只是，盲目尋求建議，是件危險的事。以前在學心理輔導時，我們就常常被提醒不要「給建議」。

因為個案內心有答案，他們得決定自己的人生，身為輔導者，我們不能幫個案做選擇。我發現交易諮詢也是如此，也常會有人問我：「我的交易遇到╳╳問題，怎麼辦？」「行情這樣，我想借錢投資股票，適合嗎？」

也許我能幫你一點，可是，**實際上，答案在你身上！**

你可能會想：「是在唬我、跟我開玩笑嗎？」「講那麼多，結果根本幫不了我嘛！」實際上並不是我幫不了你，而是你最需要的答案在你身上，我只能引導你。

假設你問我：「鮪爸，現在指數可不可以抄底？」我沒辦

法馬上給你建議，因為我不清楚你的資金、交易習慣、抱單週期，更不了解你的出場方式、經濟壓力及交易心態等。有可能我過幾天就出了，但你捨不得出；也有可能我還抱著，但你受不了未來的不確定性而停利。

我不了解你的交易脈絡，也不清楚你遇到風險是否可以承受。就算我都明白這些，給你建議，也會使你對我過度依賴、無法自發性思考與覺察，反而是在害你，害你沒辦法在該恐懼時好好體驗恐懼，害你沒辦法在虧損挫折中好好反省，更會害你喪失獨立思考交易系統的機會。

這也是為什麼，隨便買別人做好的交易程式不能賺錢的原因，因為對方能承擔的，你未必可以。那輔導者能幫你什麼呢？

「引導你思考、自我覺察」是較佳的方式，這樣找到的答案，才會是你的。事實上，無法第一時間得到建議，你會感到很挫折，原本以為抓到根浮木，卻被打了一棒。

我們無法篤定心中答案，多半是因為對自己沒信心，或是害怕負責。輔導者最大的功能，就是陪你一起**建立信心**、協助你**承擔責任**。在你被自己的決定傷害時，輔導者會在旁陪著你，讓你看見自己的好，使你有爬起來的勇氣與信心，接著再繼續奮戰，做更好的決定，成為更好的自己。

與此同理，我們也須留意，別輕易給朋友投資建議。在你

了解對方的風險承受能力與交易脈絡前，直接給建議，可能會扼殺對方反思的空間，也可能使對方逃避為自己的交易負責。

我該去看身心科或心理諮商嗎？

美國加州大學柏克萊分校（UC Berkeley）學者於 2020 年發表一份研究指出 *，出現憂鬱與焦慮症狀的人與情緒復原力較強的人相比，在面對複雜多變的環境時，較難做出決定。

因為出現憂鬱與焦慮症狀的人，容易把焦點跟專注力放在**自己的過錯**上面，而情緒復原力較好的人，則會把注意力放在曾有過的**正向經驗**上，增加決策的品質。

交易中這樣的狀況也很常見，許多找我交易心理諮詢的夥伴，他們的交易能力不見得是不好的，但普遍都會有把焦點跟專注力放在交易錯誤，而非成功的正向交易經驗上。

對他們現有交易困境來說，並非需要再去學艱深的交易技巧與知識，而是要先處理自己的交易心理，釐清自己在交易中的心理狀態為何，對交易的正向與負面結果有什麼樣的心理認知？還有如何從交易的心理挫折中復原？

---

* https://news.berkeley.edu/2020/12/22/in-shaky-times-focus-on-past-successes-
  if-overly-anxious-depressed/

許多交易者與投資人看完我的文章與聽完《投資心理室》Podcast 後鼓起勇氣，跟我說他們經歷到的交易困擾，因為這些「現實困擾」已經轉變為「心理困擾」，我很佩服他們的勇氣及想改善的動力。

不論投資技巧的好壞，你一定或多或少會遇到挫折與自我懷疑，交易的結果也總會遇到超過預期的虧損，導致心理產生嚴重的打擊。把困擾跟別人說，可以宣洩你的負面情緒，說出來的同時，也會提醒自己：「這些事情我有注意到，只是一時情緒過不去。」當你鼓起勇氣說出來，就會有更強的驅動力，去改善不好的交易行為。

你可能會好奇，什麼時候該說出來呢？

這裡提供大家我以前當心輔官時，常做的心緒快速評估表，「心情溫度計」（簡式健康量表 BSRS-5，參本書附表 1）。透過 6 個問題快速檢核現在的心緒狀況，如果有輕度的情緒困擾，建議跟親友傾訴；中度情緒困擾，建議尋求專業心理衛生機構協助；如果有重度情緒困擾，特別是有想要自我傷害的念頭，則要盡速尋求精神醫療（身心科等）協助。

如同之前提到的，有些人「不知道做什麼，所以做交易」，我們常會把生活中的問題，簡單歸因成「錢不夠」，所以想進到交易市場中解決問題，認為只要把交易能力訓練好、把錢賺到，問題就能迎刃而解。殊不知，實際上的問題，都是錢無法

解決的心理問題。

當你的心理問題越來越嚴重，甚至產生一些影響生活的身心症狀時（例如失眠、心因性胃痛、重度憂鬱及躁鬱等），這時不應該再從事交易，而是需要趕快尋求身心科醫師或心理師的協助，評估自己的身心狀況。

改善交易心理，是為了凸顯理性的重要

我在交易心理自媒體上不斷推廣「交易心理、心理素質」重要性的過程中，一直很擔心被人冠上「唯心派」的宗教光環：「只要交易心理強就刀槍不入、不會虧損並賺大錢。」事實並非如此，「**辨識感性是為了讓自己能理性**地處理投資與交易」。

改善交易心理，是為了**讓理性的交易分析能發揮功能**。交易是「理性」與「感性」的結合，理性的部分是金融分析、機率與評價；感性的部分則是情緒調控、自我控制及自信建立等。

想把交易做好，**理性與感性的協調十分重要**。過於感性會讓你優柔寡斷、無根據地盲目亂做。過於理性，則可能因壓抑而造成情緒反彈，或忽略驅使你行動與決策錯誤的金錢焦慮、成就焦慮等。

常見的認知偏誤裡，有一個跟理性有關的，稱做「忽視基本比率」（base rate fallacy），意思是指：「傾向忽略交易機率，

一面倒向其他跟機率無關的理由（偏誤）」。

　　我必須在強調心理的重要性時，同時提醒你不要忘記理性分析的必要性。不論是賺賠比、波動度、個股基本面、總體經濟、交易規則（結算日期，tick 跳動點及契約規模等）等等，你都得清楚。

　　目前從事短週期的交易時，我覺得賺賠比、停損點、交易規則等是最重要的理性因素。賺賠比與停損點，跟你的交易策略與框架有關係；交易規則，跟你的交易計畫有關係（例如當日沖銷會限制交易時間、漲跌幅等）。

　　當你透過理性的金融分析，歸納出你對不同金融商品的評價後，你會有一個勝率、賺賠比的估算。照理說，你會持續用這個交易系統及邏輯去投資，在金融分析技能比一般人好的前提下，時間一長，你應該會獲利。沒有獲利的原因通常是「**交易心理問題又來干擾你了！**」

投資心理室 Podcast

「理性分析（機率化、邏輯化思考）」跟交易心理一樣重要

本集會告訴你：如何在投資與交易過程中平衡理性與感性？什麼是「忽視基本比率」偏誤？投資與交易過程中需要建立怎樣的「機率化與邏輯化思考」？
◆ 網址→ https://pse.is/4we34j

結 語

生活的樣子，
就會是你交易的樣子

　　當我從事文字、視訊及實體的交易心理諮詢後，發現大家都把生活的樣態體現在交易之中，交易中的困擾，其實就是**生活中的困擾**。目前超過 100 位的諮詢者，幾乎都是這樣的狀況。

　　有些人是「因為不想要做現在的工作」、「因為想快點財富自由」、「因為不知道做什麼」、「感覺交易蠻好賺的」等等，所以做交易。

　　交易問題有時候是「職涯發展的問題」，不了解如何面對自己的職涯，所以「躲到交易之中」。如果你屬於這種類型，可能會格外害怕虧損，因為虧損的時候你會意識到，「完了，我又得去面對那個討厭的工作」、「交易都做不好，我還能做什麼？」

　　當這些負面想法發生，會讓你**過度聚焦在交易的成果**，而

不是**操作過程的正確性與一致性**，自然很容易因為交易不慎而虧了大錢，然後不斷惡性循環。交易維生，只是一種工作的方式，而不是改善生活的唯一解答。

你要先好好思考，交易的一切（各個面向）是否真的適合你？是否真的有興趣？「資金與風險控管」、「市場資訊解讀」、「理解人性與反人性的決策」、「金融知識的累積與研究」等等，如果這些連一兩項都沒有，那千萬別輕易把你的人生押注在交易上，不然當你驀然回首，可能會發現只有滿滿的空虛跟負債等著你。

最重要的，還是要釐清自己的夢想是什麼？喜歡做什麼類型的工作？對自己的生涯規劃有什麼目標？進入交易市場中，到底想要獲得什麼？

為什麼釐清這些問題這麼重要呢？

2022 年時，股市遇到一場巨大的逆風，幾乎所有商品都在下跌，對於長線投資人來說更是煎熬，紛紛失去持股信心而出場。為什麼這麼多長線投資人，會對短期回檔感到如此痛苦，甚至開始懷疑「股債配置」、「存股」、「指數投資」等方法呢？

因為當你對生活的長期夢想、興趣與目標完全沒有想法時，你很難把交易與投資做好，你會不斷用短期的失敗、虧損評估你長期的成就，沒有用更長遠、多面向的角度去自我評估。你以為你交易的是市場上的商品價格，但實際上，你交易

的是你腦中的認知，還有許多**過去經驗的心理加權**。

　　如果想要改善交易中的認知與信念，我們需要藉由持續在市場中嘗試與碰撞，如同你在生活中也會遇到許多心理挫折，這些挫折在你選擇面對它、不放棄時，會轉變成心理的養分，得到矯正性的情緒經驗、建立新的認知基模，協助你在下一次挑戰到來時更快適應，擁有更多的心理彈性。

　　生活有許多的不同的樣貌，交易也是，全職交易者曾是我朝思暮想的工作，但當我退伍後，有機會接觸到全時段的交易，才發現這跟一般的工作所需的準備並沒有太大差別，你仍需要做好事前規劃與研究評估、任務執行及事後檢討分析，並不是一條輕輕鬆鬆就能通往成功的捷徑，更像是在創業，你得準備資金、控管風險，還有一顆有辦法承受任何打擊的信心。

　　這本書並不是要教你什麼絕世武功或驚為天人的交易策略，而是教你**通用在所有招式的交易與投資心法**，當你理解內心的穩定是所有交易與投資操作的基石後，你會把改善生活與心理素質也列入投資與交易的訓練當中。

　　你投資與交易的樣子，會越來越來像你生活的樣子，你的心理就是連結這兩個樣子的橋梁。與其想著呈現出最完美的表現，不妨在探索完自己的心理後**接受當下的模樣**，當你放下追逐完美的心理預期後，你的交易與生活又朝著理想更進一步了！

「失敗」是成功之母，
而「小成功」是成功之父！

最近因為搬家、交書稿，還有一些新的生活變動，讓心情一直處在煩躁的狀態。不斷堆疊的負面情緒，像交易產生重大虧損時會有的感覺。這個時候，就算只是一件小事（接送小孩塞車、打翻東西、寫錯資料），也會變成擊倒你的骨牌。

事情一多，就想拖延；挫折一多，就想躺平。如果此時有人跟我說「這些都小事啦」，我完全聽不下去。

其實心理輔導的過程，並不是要忽略你生活中的那些鳥事，而是在「安撫你內心的傷」後，帶你看到「生活中的確幸」。

雖然忙到心很累，不過在煮完一道美食、寫完一篇書稿後，還是能覺察到內心踏實的成就感與滿足感。而體驗到第一次的滿足感後，接下來我就更有動力去完成另一篇書稿的內容。

就好像當初交易剛大賠後，清空了戶頭裡的款項，重新從幾百、幾千慢慢練習、累積的感覺。不可否認過程很折磨人，但你**知道自己在前進**，就不覺得那麼辛苦了！

　　雖然這些「小成功」只是交易與生活中的小事，但都是成功前不可或缺的一磚一瓦。希望這一點感觸，能傳達給每一個還在投資與交易過程中努力不懈的你！

致 謝 ————————————————————————

能夠走到現在並且出書，要感謝許多人，首先要感謝的是方舟文化邱昌昊主編、黃馨慧企劃，謝謝馨慧看中我在交易心理方面的專業邀約出書，再經過主編昌昊的精雕細琢後，才會有這本書的誕生，我十分感激。

感謝大學好同學陳家正諮商心理師，陪我一起開了課程，錄製前期的《投資心理室》Podcast，讓我在交易心理自媒體的經營上不會走得太過跌跌撞撞；還有另一位大學好同學「資工心理人的理財探吉筆記」粉絲專頁版主洪碩廷，他常說他在投資領域的啟蒙，是因為我在大學畢業前的一次理財分享，而我在交易心理自媒體的起步，也是受到他轉分享我的貼文後有了初步的成長，這部分真的很感謝他。

感謝 Facebook 最大當沖交易社團「當沖 E 群贏家」的版主 Eddy 哥。Eddy 哥真的是一位很願意提拔後進的交易前輩，因為他的分享，我才能把更多交易心理的理念，推廣給更多投資人和交易者知道，也非常感謝他願意為本書撰寫推薦語。

也特別感謝為本書掛名推薦的多位交易者、作家與心理師們。葛瀚中（Mgk）是我很景仰的知名交易者，不論在交易技術及心態哲學上，都十分令人敬佩。馮震凌（William Feng）

也是我十分推崇的交易者，馮大會在自己的粉絲專頁與社團分享許多實用的交易技法與心態，造福了許多交易同好；愛瑞克是我很尊敬的財經作家，愛大推廣「心法」而不單只是「技法」，更把「利他」、「共好」的精神融入到理財推廣之中，我自也是其中一個受益者。

很感謝楊嘉玲心理師的推薦。啟點文化推出的「心理敲敲門」、「心理小學堂」等節目都是我提升交易心理技巧與內涵時重要的養分，這次能邀請到嘉玲心理師推薦，對我來說別具意義。也十分感謝蘇予昕心理師，在出書忙碌之餘，仍撥冗閱讀、推薦。之前拜讀予昕心理師的《活出你的原廠設定》，我也受益良多。還要感謝王雅涵心理師的推薦，從其著作《給我一點耍廢的勇氣》中，我學到許多讓交易者自我安頓的心法。

也要感謝每位願意分享本書的 KOL 與專家，謝謝你們的肯定，與協助推廣「交易心理」、「投資心理」及「大眾心理」的重要性！

還要謝謝自由人、阿魯米及快樂操盤人等交易與投資的前輩，願意在各社團、網站及社群媒體上分享重要的資訊與心法，讓我們這些後進有可以學習與參考的方向。也感謝臺北科技大學資訊與財金管理系吳牧恩主任在幣圖誌分享許多資金管理的觀念，在我傳訊息詢問相關知識時，總是耐心且詳細地解答。

非常感謝在「鮪爸的交易心理輔導室」粉絲專頁上,一直追蹤我、給我支持與鼓勵的夥伴與讀者們,以及願意提供分享個人經驗與案例在這本書裡的來談者,還有付費參加個人交易心理諮詢與交易心理團體成長課程的學員們。有你們的支持與鼓勵,我才有辦法走到現在、持續點燃我想分享交易心理及從事交易心理輔導的初衷。

　　感謝我的家人。特別謝謝我的媽媽與妹妹,總是做我最棒的後盾,當我遇到任何困難的時候,都能及時給我最適切的協助與鼓勵,讓我度過許多難關。

　　最後,特別要感謝我的太太。沒有她,我無法走到現在,她在我最困難、失志的時候,給我現實與心理上的支持,這些支持基於許多的愛與信任,對我來說,是我最寶貴的資產。

───── 附錄 ❶ ─────

交易心理狀態的自我評估

　　有投資人與交易者找我做交易心理諮詢時，我都會請來談者先針對下列六個問題做一些初步的自我探索，透過這些問題，能夠較快速、有效地釐清自己的交易心理脈絡，我運用我 22 歲剛畢業時的交易困擾例子為大家做示範：

一、虧損的投資歷程（實際歷程跟心理歷程）

　　自我探索的一開始，要把自己在投資歷程簡要地回顧一次，包含實際歷程與心理歷程。以我的例子來說，實際的歷程是高三畢業後開始投資股票，因為考上國防大學每月有一筆穩定的薪水，所以開始定期買投資書籍、雜誌來看，當時的投資績效，1 年大約有 10 ～ 20% 的獲利。

　　畢業後，因不想再從事軍官工作，想要早點退伍，故用貸款、融資等方式籌到 100 多萬的交割款，想在股市裡賺到超過年薪的被動收入，卻遭遇波段的股市回檔，虧損數十萬；後來轉到波動較大的美股、槓桿 ETF，想要賺回來，但又再賠了數十萬。

經歷臺股與美股的虧損後，為了找到辦法快速賺回虧損，投入臺指選擇權交易，導致自己在短短 1 個月的時間再虧損百萬，於是決定暫停投資與交易一段時間，慢慢累積資本、交易技巧與改善心態。

二、交易困擾

當時的交易困擾是一直想要籌措資本、開槓桿，把許多資金打到市場裡面，所以每筆交易占總資本的比例很高，幾乎都是 all-in，或超過 100% 的部位在打，期待有比較大的獲利，但不知道自己只是在增加損益的波動（交易成癮），還陷入了很深的金錢焦慮之中。

虧損之後容易有報復性的下單，想要趕快把虧掉的錢賺回來，導致自己一直陷在賠大賺小的狀況之中。

三、家庭對自己、交易的影響

我的父親曾有投資股票失利的經驗，從小到大也對財務方面較斤斤計較，導致我對金錢有較高的不安全感，內心一直會有一股「不想要跟父親一樣」、「想要取代父親的角色，給家裡好生活」的期待。

這股期待加上來自南部傳統家庭的價值觀，所以把金錢跟成就、幸福感都劃上等號，導致交易時一直產生非理性的

心理預期，總是只看到能夠賺到多少錢，卻很少考慮風險跟其他因素。

四、你的個性、價值觀

我的個性容易在意別人的眼光與看法，早年對自己的自我認同感與自信也不太足夠。價值觀的部分，則是認為「賺多少錢等於多少成就」。

五、個性與價值觀對交易的影響

因為太在意別人的眼光，會把負面的投資結果（虧損等），跟別人對我的評價做連結，所以虧損時會有很高的自我否定感。也因為比較沒有自信的關係，導致投資與交易的過程中很容易自我懷疑。

因為價值觀是認為「賺多少錢等於多少成就」，所以每當虧錢或是賺的錢不如預期時，就會產生「我是個沒成就的人」、「我是沒有用的人」這些負面的想法。

六、過去有沒有卡住很久的心理議題一直影響生活與交易

從小到大，父親對金錢的不安全感一直或多或少地影響著我，影響我的價值觀、自我認同感等，我很想透過自己的投資與交易能力來證明自己，證明自己可以比父親好，證明自己是

一個有價值、能夠照顧家人的人。

也是這樣的心理議題，讓我在交易中沒有辦法接受太多的價格、資產回檔，如果長期投資抱的比較久時，也容易會懷疑自己。

透過這六個問題，大家可以做一個簡易的自我評估與覺察，發現自己的問題以後，就可以找到方向去改善。如果你發現自己的心理議題太過複雜難解，可以尋求專業人士的協助。提醒大家，如果自我探索這六個問題有引起你較大的心理不適感或失眠、憂鬱等身心症狀，建議要尋求心理師及身心科醫師等專業心理治療的協助。

投資心理室 Podcast

「心理狀態」怎麼影響你的投資與交易績效？

本集會告訴你：「心理狀態」如何影響你的「投資與交易績效」？我們為什麼要把「投資與交易策略」結合自己的「心理狀態」？如何用 5 個以上的「自我提問」，探索「投資與交易的心理狀態」。

◆ 網址→ https://pse.is/4yjvfh

交易心理狀態的自我調適與增強

一、 控制注意力

注意力是現在最寶貴的資產之一，在交易執行的過程中更是如此。你不能夠被損益、新聞或是一些無謂的雜訊分心，而是要把注意力「刻意地」引導到選定的目標。

這也是「正念」所不斷強調的，你要把專注力拉回到此時此刻，讓無關緊要的訊息從你的心裡流過，只抓住那些重要的念頭。

舉例來說，如果前一天晚上美股大漲，但是今天開盤的當下，各項指標都指向空方（權值股表現、買盤追價、期貨表現等等），那你應該要聚焦在當下的盤面資訊。

每當你看到一個標的稍微有漲勢時，你內心可能還會浮現出「美股大漲」的這個念頭（錨點）。

不過正念的重點就在於，讓這些想法自然地流過，再次把注意力聚焦在你設定的盤面資訊，以及你能夠控制的事情（可以適時調節部位、依照波動度調整停損點等）上。

二、 承受有挑戰性的經驗

為什麼有些人能夠被稱作為交易的大神？我覺得，他們未必真有什麼天生神力，而是能夠承受比較大的（損益）壓力。我們往往只會聚焦在他們賺到的錢，卻不會聚焦在他們控制賠的金額上。

能夠願意把自己放在壓力的刀口上，是需要磨練的。這些交易大師、前輩們也是從 1 萬、10 萬、100 萬這樣慢慢上去的。當你的挑戰性經驗越多，你越能夠對更大的壓力減敏，駕馭更巨大的部位而不受到情緒波動干擾。

我們常想在交易中做一些重大的正向改變，例如嘗試學習加碼、建立風險對沖部位等等；但當較大的虧損出現，往往就因懼怕虧損的壓力，不想承受挑戰所帶來的煎熬而一再退縮。這是我們在交易中遲遲無法進步的主要原因之一。

想改善無法進步的狀況，得嘗試承受更有挑戰性的經驗，簡單來說，就是「要跳出交易的舒適圈」。

三、暫停交易

想要對負面情緒立即降溫的方法，就是先暫停接觸。如果你因為交易的負面結果（虧損、遲遲無法獲利），感到非常沮喪跟難過的話，建議先暫停交易一陣子。

這個方式能夠讓你較快地遠離交易中的負面情緒，避免產

生更多偏差的交易決策。不過，暫停交易並不是要你放棄交易，而是先放下交易，把自己的狀態調整好，允許自己暫時不夠好。

等到你的狀態調整好以後，再回到市場中，相信你的交易心理狀態會更穩定，提高你投資與交易的執行力。

四、自由書寫

投資與交易的過程中是非常寂寞的，所以你需要把自己的想法、挫折等等都寫下來。大家現在可能較少接觸紙筆，所以也可以把想法記錄在社群或是手機上。

我之前會開個人的 Facebook 社團，裡面只有我自己。我會把我的交易想法、交易挫折及自我檢討都寫在裡面，幫助我釐清許多交易的想法與心緒，也讓我抒發許多的交易挫折與低潮。

生活心理狀態的整理與提升

一、先做簡單容易上手的事情（滾雪球效應）

有時候生活跟交易一樣，都會遇到一些難關，我覺得最好的調適方法，就是先做一些熟悉、容易上手的事情。例如，學習煮一道新菜色，或是整理家中的房間等，透過完成一件小事情，建立自我效能感。

這股「有自信」的感覺，就會讓你完成下一件更難的事情，產生正向的滾雪球效應，到最後你就可以完成一件很困難的事情。

二、運動與放鬆

許多優秀的交易員、投資者都有運動的習慣，除了可以讓他們保持好的體力以外，我覺得心理層面也能有很好的提升。

研究顯示，運動時會產生多巴胺、腦內啡等有助於正向情緒的物質，可以改善憂鬱的狀況。另外我也認為，運動需要堅持下去的毅力，這也是一個對投資與交易十分有幫助的特質。

至於放鬆的部分，我自己是在心情不好的時候，很喜歡去

旅遊跟吃美食，透過好的體驗來降低自己生活中的壓力。

我也會在健身房的蒸汽室裡冥想靜坐，整理一下最近紊亂的思緒，以及交易與生活方面帶給我的壓力。通常在放鬆與覺察自我後，這些煩惱都會一點一滴消退或是找到答案。

三、閱讀及看電影

投資與交易最失意的那幾年，我看了很多書跟電影，因為沒有什麼錢，所以也沒辦法有太多奢侈的娛樂（書是二手的、電影是折扣碼累積的）。

我覺得，從他人歷經失敗、走向成功的故事裡，可以幫助自己找到東山再起的信心，不然，面對虧損百萬的挫折，實在讓人無法再繼續相信自己。而看電影跟書籍，就是找回信心成本最低的方式。

四、停下手邊負荷較重的工作

我們常常會認為每項工作都很重要，特別是一些負荷較重的工作，沒有自己不行。但實際上，這些事情可能沒有你想像中的重要。

嘗試一小段時間，放下這些負荷較重的工作，去做上面提到的放鬆與調適自我的方式吧！當你把自己的心理狀態調整好，你會發現自己會有更正向積極的心態去面對困難的事情。

關於模擬交易

許多私訊來詢問交易心理諮詢的人，常問我一個問題：「賠到沒本金，但還不想放棄交易，要怎麼改善交易技巧及心理呢？」

現實來說，沒有錢最好的做法是「不要交易」。因為沒錢交易很危險，容易負債或做出可怕且不理性的操作（高槓桿、all-in 等）。

可是如果你不持續在市場中，很容易「失去交易的手感」，等到你把錢賺好再進場，只是把錢再賠光一次而已。

這時候你可以嘗試「模擬交易」。模擬交易是透過虛擬的投資平臺，交易現實的市場，提供練習股票、期貨、選擇權交易的機會。

交易模擬單，你沒有資本損失的壓力，你比較敢在充滿風險與不確定的市場中，嘗試在不同的市場條件與訊號下，調整你的操作行為。

《交易者的 101 堂心理訓練課》作者史丁巴格博士，提到模擬交易訓練有幾個好處：

1. 「允許交易者犯錯」、在不損失資本情況下嘗試策略。

2. 使交易者在「特定條件」下聚焦學習、複習操作行為。

3. 「提供標準化環境」，讓交易者能夠針對特定市場條件做
   練習。

4. 增加對操作軟體的熟悉與「發展個人交易行為與利基」。

5. 「加速學習曲線」，減少犯下一些無法避免的錯誤。

有人一定會質疑:「做模擬單哪有什麼感覺！都是騙人的，模擬單虧 100 萬、50% 都沒差。」

但實際上，你什麼都沒有了，現在有免費的，卻不懂得珍惜及善加利用。如果有錢可以操作，當然用錢操作，不過沒有錢，就得用沒有錢的辦法。

要讓模擬單有效果，重點在於提升模擬交易的「現實感」，我分享 3 個實用的方法:

一、設定獎懲制度，建立行為的制約制度

在本書第 11 章中提過如何運用行為心理學的制約，來養成正確的操作行為。其中有提到「增強」（獎勵）、「處罰」兩種行為制約的機制，你可以自己設定模擬交易的獎勵與懲罰，來約束、培養自己的交易行為。

例如「現股交易量一天只有 10 萬」、「每天只要虧損 2%

就要馬上停損，不再交易」、「持股最多只有 3 支」等等，你可以自己設定。

一旦超過這個設定，你可以懲罰自己「1 個禮拜不交易」、「跑 10 圈操場」等你自己會不舒服的處罰。

如果可以持續維持 3 個月，那就獎勵自己吃一頓大餐，或是入金幾萬塊，實際到市場操作等等，隨個人條件設定。

只要設定好，就能夠增加模擬交易的現實感，對於行為的約束力與養成效果也會大幅提升。當時虧到沒資金的時候，我是設定自己模擬單只要亂做，就 1 個禮拜不能交易。

二、做好「模擬都做不好、現實一定更慘」的認知與自覺

很多初學者會認為模擬單沒有用，因為跟真槍實彈的錢，感受度差太多。但如果你連模擬的都做不好，實際交易的狀況一定更慘。

如同戰鬥機飛行員實際飛行前，會操作飛行模擬器，如果連模擬器都飛不好，實際上駕駛戰機，狀況也很難好到哪裡去。

所以你必須要有一個認知與自覺：「模擬交易是前哨戰。」前哨戰打得好不好，決定你後面主戰場的勝負。

不是只把模擬交易當作遊戲玩玩，而沒有運用「刻意練習」的技巧，專注地調整每個錯誤的交易行為與思維。

刻意練習的運用，是指你應該要趁模擬交易的時候，針對你的交易訓練目標（策略、程序等）大量嘗試、大量犯錯，再透過這些錯誤，檢討出自己交易技術與心態上的各種問題。

這時候付出的只有你的時間、心力，但沒有最寶貴的金錢，所以這時**你付出的成本是很低的，卻能夠有相對高的學習效果。**

三、搭配「意象訓練」練習

第三個要分享的是許多運動員都在使用的方法，稱作「意象訓練」，意象訓練是讓你運用「想像」的方式，模擬實際演練的狀況。

例如想像你實單虧大錢的時候，你會如何緊急停損；或是想像遇到超乎預期的大波動該如何處理。當你用模擬交易嘗試一些新的策略時，可以再搭配上意象訓練，試想一些實單情況會發生的情境，你會如何處置。

經過許多心理學研究證明，意象訓練能夠改善實際身體練習的動作，活化跟實際訓練時一樣的神經迴路，使意象訓練跟實際訓練達到相似的效果。

如果你能在模擬交易時善用意象訓練，能使你增加更多交易的現實感，並顯著提升操作行為改善的成效。

除了用以上這些增加現實感的方法外，我自己也會開一個
FB 個人的社團，只有我一個成員，然後會把交易計畫、紀錄
跟檢討放在裡面，每天做檢討跟修正，增加學習的效率。

最後，想跟大家提醒一個很重要、務必要留意的重點：模
擬單終究是模擬的，你只能把結果想得更「差」，而不能把它
想得更好。

如果你看到自己模擬 1 個月可以賺 2%，你就要假設自己
可能會賺得比 2% 還少，因為還有手續費、點差「交易成本」、
虧損恐懼、執行拖延、凹單的「心理成本」等都要考量進去，
不可能都像模擬單那麼完美。

多想一點風險，少下一點部位，雖然賺慢一點，但可以活
久一點。

雖然用模擬交易不夠真實，但當你一無所有時，這對你來
說已經是最好、最便宜的學習管道了。

交易檢討的內容我製作成表單，放在【附表 ❷】供大家
參考。

心情溫度計 —— 簡式健康量表（BSRS-5）

請圈選最近一個星期（含今天），個案對下列各項造成困擾的
嚴重程度（個案感受）

項目 ＼ 程度	不會	輕微	中等程度	嚴重	非常嚴重
❶ 睡眠困難，譬如難以入睡、易醒或早醒	0	1	2	3	4
❷ 感覺緊張或不安	0	1	2	3	4
❸ 覺得容易苦惱或動怒	0	1	2	3	4
❹ 感覺憂鬱、心情低落	0	1	2	3	4
❺ 覺得比不上別人	0	1	2	3	4
★有自殺的想法	0	1	2	3	4

請填寫檢測結果：

❶-❺ 題總分：＿＿＿＿＿分，★自殺想法：＿＿＿＿＿分

【說明】

一、❶ 至 ❺ 題之總分：

（1） 得分 0 ～ 5 分：身心適應狀況良好。

（2） 得分 6 ～ 9 分：輕度情緒困擾，建議找家人或朋友談談，抒發情緒，給予情緒支持。

（3） 得分 10 ～ 14 分：中度情緒困擾，建議尋求心理諮商或接受專業諮詢。

（4） 得分 > 15 分：重度情緒困擾，需高關懷，建議轉介精神科治療或接受專業輔導。

二、★「有無自殺想法」單項評分：

本題為附加題，若前 5 題總分小於 6 分，但本題評分為 2 分以上時，建議至精神科就診。

心情溫度計 —— 簡式健康量表（BSRS-5）可以在衛服部心理健康司的網站下載，是簡易判斷你個人心理狀態的指標，如果你在生活與交易中發現負面情緒的狀態讓你感到不適，可以嘗試填寫這個表格，並依照它的分數結果尋求專業人士或親友的協助！

―――― 附表 ❷ ――――

鮪爸的交易紀錄表

【範例與使用說明】

交易概況	交易標的	【233X】股票 A
	交易類別	做多
	交易數量	10 張
	進出股價與時間	2023.01.09，50 元進場 2023.04.24，60 元出場
	成本金額	50 萬（占總資金比例 20%）
進場的邏輯／原因	基本面	本益比來到自己設定的 10-15 倍區間
	技術面	近 10 日的成交量與價格都有明顯的同步增加，也站上多條均線
	籌碼面	近期三大法人（外資、投信及自營商）都有做出積極買進
	其他因素	搭配產業訂單滿載，近期市場討論熱度也很高

	基本面	毛利率、營利率及財報都有明顯的下滑
出場的 邏輯 ／ 原因 *	技術面	價格在 1 個月內多次無法突破設定的價格區間
	籌碼面	近期三大法人（外資、投信及自營商）都有做出積極賣出
	其他因素	目前價格已經讓自己賠到風控上限（例如設定一個月設定自己賠到 4% 要停損）
心理狀態	這筆交易過程中，覺察到的情緒波動或心理期望。 例：我發現在抱單的時候，一直有感覺急著想賺錢，可能跟最近在網路上看到太多獲利的對帳單有關係。	
資金管理	這筆交易中，你的資金規劃如何，是否搭配其他部位管理的技巧或操作。 例：買進資金占可用投資資金的 20%，一次買入，未分批。手裡同時無其他持股。後續如果表現成長的話，再運用 10% 資金定期定額投入。	
操作程序 檢討	值得肯定	在設定的移動停損點到的時候，有及時出場，有果斷的交易執行力。
	需要改進	雖然賺錢，可是原本進場的條件還沒消失，卻因為擔心獲利不見而提早出場，之後要留意是心理因素出場還是訊號因素出場。

---

* 出場的邏輯與原因（通常出場會跟進場原因消失有關）

國家圖書館出版品預行編目(CIP)資料

在交易的路上,與自己相遇:找出你的交易心理優勢,戰勝
投資心魔 = Know yourself through the way of trading／李哲緯
(鮪爸)著 . -- 初版 . -- 新北市:方舟文化出版;遠足文化事
業股份有限公司發行,2023.06
面; 公分 . -- (致富方舟;7)

ISBN 978-626-7291-32-0(平裝)
　1.CST: 投資心理學 2.CST: 交易

563.5014　　　　　　　　　　112006521

方舟文化官方網站　方舟文化讀者回函

致富方舟 0007

在交易的路上,與自己相遇

找出你的交易心理優勢,戰勝投資心魔
Know Yourself Through The Way Of Trading

作者　李哲緯(鮪爸)│封面設計　萬勝安│內頁設計　Pluto Design│主編　邱昌昊│專案企劃　黃馨慧│行銷主任　許文薰│總編輯　林淑雯│讀書共和國出版集團　社長　郭重興│發行人　曾大福│業務平臺　總經理　李雪麗│副總經理　李復民│實體暨網路通路組│林詩富、郭文弘、賴佩瑜、王文賓、周宥騰、范光杰　海外通路組│張鑫峰、林裴瑤　特販通路組│陳綺瑩、郭文龍　印務部│江域平、黃禮賢、李孟儒│出版者　方舟文化／遠足文化事業股份有限公司│發行　遠足文化事業股份有限公司　231 新北市新店區民權路 108-2 號 9 樓　電話:(02)2218-1417　傳真:(02)8667-1851　劃撥帳號:19504465　戶名:遠足文化事業股份有限公司　客服專線:0800-221-029　E-MAIL:service@bookrep.com.tw│網站　www.bookrep.com.tw│印製　東豪印刷事業有限公司　電話:(02)8954-1275│法律顧問　華洋法律事務所　蘇文生律師│定價　380 元│初版一刷　2023 年 06 月│初版五刷 2024 年 08 月

《在交易的路上，與自己相遇》
購書讀者限定特典

感謝您對鮪爸與方舟文化的支持！

為方便您掌握本書重點，養成寫交易紀錄的習慣，

我們特別整理出「交易心理升級地圖」與

「交易紀錄表」，歡迎下載使用。

掃描 QR Code 填寫本書問卷，

即刻領取「交易心理升級地圖」與「交易紀錄表」！

https://forms.gle/dQBf4Sj8shDk7RwD9

RICH
ARK
致富方舟